公認会計士・税理士
田川裕一 [著]

個人事業主・フリーランスのための

得する！

第2版

法人成り

◀◀◀◀◀ Have you ever thought about incorporation?

中央経済社

第2版　はじめに

　本書を手にとって頂きありがとうございます。

　2014年に本書を上梓してから5年が経ちます。増刷の度に税制改正による変更を織り込んで来ましたが、本書の肝でもある具体的な数字を使っての試算については初版から変更を加えていませんでした。これは多数の試算を必要とすることから躊躇していたという筆者の怠慢と、税制改正の影響を織り込んでも法人成りの判断が変わるほどの影響はないという感触があったからです。

　しかし試算の方法については、もう少し違う検討を加えたほうが法人成りを検討される個人事業主の方にフィットするのではないかとの思いもあり、今回の改訂についてはその部分を新たに織り込みました。大きくは3つの試算を加えました。

　1つ目は独身の方の法人成りのケースです。従来は法人成りの効果が期待できるため配偶者が非常勤役員として事業に参画することを前提にしていました。

　2つ目は青色事業専従者として事業を手伝う配偶者が法人成り後は常勤役員ではなく、非常勤役員として事業に参画するケースです。青色事業専従者は「事業に専ら従事する者」ですから法人成り後は従業員もしくは常勤役員として勤務することを前提にしていましたが、法人での社会保険の加入の必要がない非常勤役員となるケースも加えました。

　3つ目は2つ目の派生ですが、非常勤役員となる配偶者が社会保険の扶養の範囲に収まるように、その年収を130万円未満とするケースです。

　これにより試算はさらに数を増すことになり、読者の方には結果を読み解きづらくなる懸念もありましたが、ご自身の置かれている状況に近い試算パターンをまず確認し、次にそこから所得が増えたり、従業員が増えたりするケースを確認していただければと思います。

本書が当初の予想を上回る息の長い出版物になったことには感謝の念しかありませんが、その理由を考えると、法人成りが制度的にもコスト的にも非常に簡単になったこと、また所得税、法人税、消費税など複数の税目を検討する必要があることに加え負担の重い社会保険の取扱いが個人事業主と法人で異なることなどにより、個人事業主のままが良いか法人成りすることが良いかを簡単に知りたいというニーズが強くあったからだと思います。

　本書は個人事業として5年程度経ち、事業も安定してきた方を対象にしていますが、個人事業の方から相談を受ける会計事務所の先生方にも見当をつけるうえでご活用いただけると幸いです。

　最後になりましたが、相変わらず筆の遅い筆者を手助けしてくれたスタッフたちと、根気強くお付き合いして頂いた中央経済社の牲川健志氏をはじめ編集部の方々に改めて深く感謝申し上げます。

2019年4月

公認会計士・税理士

田川　裕一

はじめに

　本書を手にとっていただきありがとうございます。

　事業を行うのであれば、税金のことを考えなければなりません。もし個人事業主の支払った税金が所得の30％になっていれば、それは1年間の約3分の1は税金を納めるために働いたことを意味します。多くの経営者は、事業を継続し発展させていくのに、相当な熱意と時間を注ぎ込んでいます。失敗すれば持ち家を手放す覚悟で保証を入れている経営者もごく普通に存在します。そこまでしてやっと稼いだ利益の何割かが税金として支払われるのですから、事業に注ぎ込む熱意を少しばかり税金の勉強に振り向けてもいいでしょう。

　この本は、個人で事業を始めて5年程度経った方が法人成りを検討する際の参考になればと執筆しました。業種は問いません。5年もすれば得意先も増え、売上も安定している時期ではないでしょうか。事業所得の確定申告も5回経験することで、税金についての知識もついてきているでしょう。

　ところで、法人成りが有利かどうかという話題は、古くて新しいテーマです。所得税は明治20年（1887年）に、法人税は明治32年（1899年）に導入されました。個人所得と法人所得の課税体系が異なることから、その当時からすでにどちらの事業形態が有利であるかは議論されていました。明治の商売人も私たちと同じ問題で頭を悩ませていたのです。ただ、税制は毎年改正を重ねており、その時々において考え方は変わってきます。今、新しいテーマとして位置づけているのは、法人成りを検討するには非常に良い時期にあるからです。

　日本の法人の実効税率は諸外国に比べ高くなっています。このため、大きな方向としては、法人税を減税し、外国からの投資を呼び込んだり、日本企業の

国際競争力を強化しようとしています。反面、個人所得税や相続税は課税強化の方向に動いています。このことだけでも法人で事業を行うほうが有利な気がしませんか？　さらに、消費税率が平成26年4月から8％へ引き上げられ、平成27年10月からは10%へと引き上げられる予定です。法人成りを行うことにより消費税の免税事業者となった場合、タイミングによっては増税の影響を大きく緩和することができます。

　そこで法人成りが有利か不利かを検討するわけですが、法人と個人の経費の範囲など各論だけでなく、トータルでみたときにどうなるかを試算しています。ただし、事業を行う環境は非常に個別性が高く、従業員が何人いるのか、青色事業専従者がいるのかなどにより計算結果は大きく異なります。そこで本書では、できるだけ多くのパターンを取り上げ、それをグラフ化することにより、予測をつけやすくしています。また、法人成りをしたけれども、結果的に失敗となった事例も紹介していますので、あらかじめどのような点に注意するべきか参考にしていただけます。

　そして、法人成り後は、個人事業に比べて事業内容の分析が行いやすくなることから、管理会計や資金調達についても触れています。事業を大きく発展させる一助になれば幸いです。

　本書の企画には有限会社インプルーブの小山睦男氏に貴重な助言を多くいただいております。また、試行錯誤しながら数多くの試算を重ねるため、夜遅くまでスタッフたちが残って力を発揮してくれました。内容の検証には友人の税理士が快く協力を引き受けてくれました。皆さんに深く感謝申し上げます。最後に、本書出版の機会を与えてくださいました中央経済社編集次長の飯田宣彦氏をはじめ、編集部の皆さんに心より感謝申し上げます。

2014年1月

公認会計士・税理士

田川　裕一

目　　次

第2版　はじめに
はじめに

第1章　今さら聞けない法人成り

❶ 「法人成り」とはどういうことか ——————— 2

(1) 「法人成り」の定義 ————————————— 2
(2) 「法人成り」の検討 ————————————— 3
(3) 経営組織別の事業所数 ———————————— 4

❷ 今さら聞けない個人事業と法人事業の違い ——— 5

(1) 信用力の違い —————————————————— 5
(2) 個人の事業所得と法人の役員報酬 ——————— 10
(3) 変わる税金と変わらない税金 ————————— 12
(4) 税額計算の基本構造 ————————————— 12
　① 所得税の計算構造　12
　② 法人税の計算構造　18
　③ 住民税の計算構造　20
　④ 事業税の計算構造　22
　⑤ 実効税率　25
　Column　税金の損金算入　27
(5) 税務調査について ——————————————— 28

❸ 今さら聞けない法人成りの動機 ——————— 29

(1) 目先のお金に惑わされるな —————————— 29
(2) 節税ということの考え方 ——————————— 31

vii

❹ 今さら聞けない消費税の大切な話 —— 34

(1) 消費税の仕組み —————————————— 34
(2) 簡易課税制度 ——————————————— 35
(3) 事業者免税点制度 ————————————— 38
(4) 消費税の免税期間をうまく活かす ————— 41
　Column　消費税　42

第2章　法人成りが果たして　キャッシュを守るのか

❶ 最初の3年でキャッシュに違いが出る —— 44

(1) 設立費用 ————————————————— 44
(2) 消費税 —————————————————— 45

❷ ランニングでキャッシュに違いが出る —— 47

(1) 所得の分散 ———————————————— 47
(2) 給与所得控除 ——————————————— 48
(3) 青色申告特別控除 ————————————— 49
(4) 青色事業専従者給与 ———————————— 50
(5) 事業専従者控除 —————————————— 52
(6) 損益通算 ————————————————— 52
(7) 繰越欠損金 ———————————————— 53
(8) 社会保険 ————————————————— 55
(9) 生命保険 ————————————————— 57
(10) 手当、慶弔金 ——————————————— 57
(11) 交際費 —————————————————— 58
(12) 役員社宅 ————————————————— 58
　Column　非常勤役員の社会保険加入の要否　61

❸ 事業をやめるときにキャッシュに違いが出る —— 62

(1) 退職金 —————————————————— 62
(2) 清算費用 ————————————————— 64

viii

目　次

❹ 具体的にあなたの場合の有利不利額を試算してみよう！ ——— 66

(1) 分析の仕方 ——————————————————— 66
　① 有利不利の判断指標　66
　② 法人成り後の社会保険　67
　③ 有利不利試算の変数　69
　④ 真の収益力を知ろう！　70
　⑤ 試算にあたっての注意事項　72
　⑥ 利用するグラフについて　73
(2) 結果の要約 ——————————————————— 74
　① 青色事業専従者がおらず、法人成り後に配偶者が
　　非常勤役員になるケース　74
　② 青色事業専従者がおらず、法人成り後も家族役員を
　　入れないケース　75
　③ 青色事業専従者がいて、法人成り後に配偶者が
　　常勤役員となるケース　76
　④ 青色事業専従者がいて、法人成り後に配偶者が
　　非常勤役員となるケース　77
　⑤ 青色事業専従者がいて、法人成り後に配偶者が
　　年収130万円未満の非常勤役員となるケース　78
　⑥ 青色事業専従者がいる場合の従業員数別比較　79
　⑦ 要　約　82
(3) 数値モデル ——————————————————— 83
　① 青色事業専従者「なし」の場合　83
　　1. 従業員「0人」×（真の収益力400万円、700万円、
　　　1,000万円、1,500万円）　84
　　2. 従業員「1人」×（真の収益力400万円、700万円、
　　　1,000万円、1,500万円）　89
　　3. 従業員「2人」×（真の収益力400万円、700万円、
　　　1,000万円、1,500万円）　93
　　4. 従業員「3人」×（真の収益力400万円、700万円、
　　　1,000万円、1,500万円）　97
　② 青色事業専従者「あり」の場合　101
　　1. 従業員「0人」×（真の収益力400万円、700万円、
　　　1,000万円、1,500万円）　101

ix

2. 従業員「1人」×（真の収益力 400 万円、700 万円、
1,000 万円、1,500 万円）　105
3. 従業員「2人」×（真の収益力 400 万円、700 万円、
1,000 万円、1,500 万円）　109
4. 従業員「3人」×（真の収益力 400 万円、700 万円、
1,000 万円、1,500 万円）　113

❺　失敗した事例で考えてみよう！ ——————117

| 第3章 | 自由な形にあなたの会社を
デザイン |

❶　会社の種類 ————————————124

(1) 会社別の設立件数 ————————————124
(2) 株式会社 ————————————————125
(3) 持分会社（合名会社、合資会社、合同会社）————126
(4) 有限責任事業組合 ————————————127
(5) 一般社団法人 ——————————————128
(6) 株式会社と合同会社の比較 ————————128
(7) どの種類の会社がよいか ————————129

❷　決算期の決め方 ——————————————131

❸　資本金の決め方 ——————————————133

❹　株式会社の設立手続における注意点 ————134

(1) 類似商号について ————————————138
(2) 株式の譲渡制限について ————————139
(3) 相続人等に対する売渡請求について ————140
(4) 役員の責任について ——————————140
　Column　登記簿謄本　143

x

目　次

第4章　法人成りのタイミングで絶対に忘れてはいけないこと

❶　個人事業の後始末 ————————————— 146

❷　事業用資産の移転の方法 ——————————— 152
- (1)　売る（売却）————————————————— 153
- (2)　あげる（贈与）———————————————— 154
- (3)　有料で貸す（賃貸借）————————————— 155
- (4)　無料で貸す（使用貸借）———————————— 155
- (5)　現物出資とする———————————————— 155

❸　個人事業の最終年度の申告について ————— 156
- (1)　小規模事業者の現金主義の特例　———————— 157
- (2)　事業税の見込計上———————————————— 157
- (3)　減価償却費—————————————————— 158
- Column　中古資産の耐用年数　159
- (4)　一括償却資産の必要経費算入　————————— 160
- (5)　事業廃止年度の純損失————————————— 161
- (6)　事業を廃止した場合の必要経費の特例 ————— 163
- (7)　退職金———————————————————— 163

❹　法人成りした後の税務署への届出 —————— 165

❺　給与事務 ————————————————— 177
- (1)　源泉所得税の納付——————————————— 177
- (2)　年末調整——————————————————— 177
- (3)　法定調書の提出———————————————— 177

❻　社会保険、労働保険の手続き ——————— 179
- (1)　社会保険の加入手続—————————————— 179
- (2)　労働保険の名称変更手続———————————— 179

xi

第5章	法人成り後の一歩進んだ管理会計 ―10年もつ会社へ―

❶ 管理会計とは何か ―――――――――――― 183

❷ 予算策定と月次決算 ――――――――――― 185
- (1) 自社の置かれている状況の分析（経営戦略）――― 185
- (2) 目標を経営計画に落とし込む（Plan）――――― 187
- (3) 月次決算を行う（Do）―――――――――――― 189
- (4) 進捗状況を確認する（Check）―――――――― 193
- (5) 計画へ反映させる（Action）――――――――― 195
  - Column 粉飾決算　196

❸ 経営指標による分析 ――――――――――― 197
- (1) 収益性指標 ――――――――――――――― 198
- (2) 安全性指標 ――――――――――――――― 200
- (3) 効率性指標 ――――――――――――――― 201
- (4) 他社との比較 ―――――――――――――― 203

❹ 資金調達を考える ――――――――――――― 204
- (1) 資金繰り表による資金管理 ――――――――― 205
- (2) 必要運転資金と設備投資資金 ―――――――― 207
- (3) 短期と長期の借入金 ――――――――――― 208
- (4) 金融機関の視点 ―――――――――――――― 209

おわりに　211

本書の記述は、2019（平成31）年3月末日時点の法令等に基づいています。

第 1 章

今さら聞けない法人成り

Point

この章では、まず「法人成りすることで何がどう変わるのか」、「法人成りをどう位置づけて考えるか」を確認します。

次に、数多くある税金のうち、「法人成りに影響する税金を特定し、それがどのような計算構造になっているか」を確認します。課税体系の違いは個人と法人で有利不利の差を生む理由の1つです。消費税は特に影響が大きいので、「簡易課税制度や事業者免税点制度の仕組み」についてはしっかり確認しましょう。

❶ 「法人成り」とはどういうことか

(1) 「法人成り」の定義

議論を始める前に、まずその意味合いを確認しておきましょう。

「法人成り」とは、個人で事業を始め、その後に法人を設立し、その法人で事業を行っていくことをいいます。

一般に、個人で事業を行っている人を「個人事業」「個人事業主」「フリーランス」などと呼んだりします。デザイナーやスタイリストなど１人でできる仕事をする場合に「フリーランス」と表現することが多いようですが、呼び方の違いだけで、税金の取扱いなどに差はありません。ただし、副業収入などを「雑所得」として申告している方は、事業税や損益通算の取扱いなど「事業所得」とは異なる点があります（22頁、52頁参照）。

また、「会社」や「法人」という似たようなニュアンスの言葉がありますが、正確には、法人という広い概念の中の一部に会社があります。税金の計算は、個人の所得を対象とする所得税、法人の所得を対象とする法人税と整理されていますので、本書の中でも、「会社」と表現したり「法人」と表現したりすることがありますが、同じ内容として捉えていただいて結構です。

定義としては、「会社とは、営利を目的とする社団法人で、会社法による株式会社・合名会社・合資会社・合同会社の総称。また、会社法以外の法律により設立される、銀行・相互会社・信託会社などと特殊会社とを含めても用いられる」（『大辞林』）となります。

ちなみに、最初から「法人」で事業をスタートする場合は「法人成り」とは呼びません。「すでに個人事業を始めている」ことがポイントです。個人から

2

法人成りしても、最初から法人で事業を始めても、税金の取扱いに違いはありません。

⑵　「法人成り」の検討

　最初から法人で事業をスタートするのは、法人でないと許可がとれないとか、何人かで共同して事業を始めるとか、子会社として事業を始めるケースなど、個人事業が法人に比べて有利かどうかの判断基準よりも優先するものがある場合です。信用面を考えて事業を行うには法人しかないと思って会社を選択した人もいるでしょう。

　もし私が事業を始めるにあたって相談を受けたら、特別の事情がない限り、個人で事業を始め、数年してからタイミングを見計らって法人成りすることを勧めるでしょう。

　その理由は、1つには、法人は、設立するにも、維持するにも、清算するにも、費用と手間がかかるからです。事業が安定するまでは個人事業として事業を継続したほうが無難なのです。

　それでも法人成りを検討するのは、法人ならではの「蜜」ともいえるメリットがあるからです。また別の観点で、消費税に関するメリットを最大限に活かすには、個人事業で始めることが前提となるからです。

　なお、法人成りを選択した後に、同種の事業を、個人と法人で並行して継続することは普通はありません。しかし、業種が違えば、たとえば大家さんであり、またプログラマーでもある個人が、片方の事業を個人で行い、もう片方の事業を法人で行うことは可能です。

　2つの事業ともに法人に移したらよいのか、いずれも個人で行うのがよいのか、あるいはいずれか一方だけを法人で行うのがよいのかの判断は、1つの事業の法人成りの検討よりもう一段複雑になります。このような場合は、迷わず専門家に相談してください。

(3) 経営組織別の事業所数

　ところで、個人事業者数がどれだけ日本にあるかご存じでしょうか。古いデータですが経営組織別事業所数の推移の資料があります。

【経営組織別事業所数の推移】

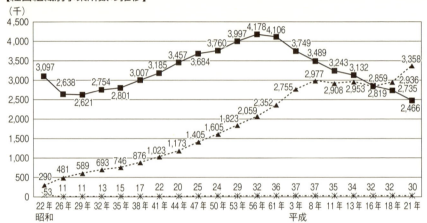

（出所）総務省平成24年度個人企業経済調査研究会資料

　個人事業者数は昭和56年をピークに年々数が減ってきています。法人数は緩やかに数を増やし、昭和61年頃のバブル開始から平成3年頃のバブル崩壊までは特に増加しています。そしてバブル崩壊後に廃業が開業を上回る不況期が続きます。そして平成18年を境にまた法人数が伸びています。これは会社法改正により資本金基準の撤廃など会社設立の手続きが容易になったことが影響しているからでしょう。

第1章　今さら聞けない法人成り

❷ 今さら聞けない 個人事業と法人事業の違い

(1) 信用力の違い

　一般に会社のほうが個人に比べ「信用力」があるといわれています。信用力は「安心感」と言い換えたほうがしっくりとくるかもしれません。

　あなたが仕事をしていて、何かの支払をするときに、「株式会社○○」名義の請求書で、振込口座も会社名義になっているほうが、個人名義の口座に振込みをするよりも、なんとなく安心感があるのではないでしょうか。さらにその会社を調べて資本金が5,000万円でもあるとわかるとなおさらです。

　人は相手のことを出会った最初の数秒間で判断するといわれています。取引相手の事業が、法人という「器」に入っているだけで安心するのはよくわかります。

　このように外形からくる信用もありますが、それだけではなく根拠があっての信用もあります。それは決算書の信頼性の差からくる信用の差です。

【個人と法人の決算書】

個人	収支内訳書（白色申告用）、所得税青色申告決算書（青色申告用）、貸借対照表※。
法人	損益計算書、貸借対照表、株主資本等変動計算書、個別注記表。これ以外に税務申告には、勘定内訳書も添付します。

※　個人の収支内訳書と所得税青色申告決算書には、一般用と不動産申告用、それに農業所得用があります。

　法人の決算書のひな形は次頁のようになっています。

5

【貸借対照表】

（令和〇年〇月〇日現在）

（単位：円）

科　目	金　額	科　目	金　額
（資産の部）		（負債の部）	
流動資産	×××	流動負債	×××
現金及び預金	×××	支払手形	×××
受取手形	×××	買掛金	×××
売掛金	×××	短期借入金	×××
有価証券	×××	リース債務	×××
商品及び製品	×××	未払金	×××
仕掛品	×××	未払費用	×××
原材料及び貯蔵品	×××	未払法人税等	×××
前払費用	×××	前受金	×××
繰延税金資産	×××	預り金	×××
その他	×××	前受収益	×××
貸倒引当金	△×××	〇〇引当金	×××
固定資産	×××	その他	×××
有形固定資産	×××	固定負債	×××
建物	×××	社債	×××
構築物	×××	長期借入金	×××
機械装置	×××	リース債務	×××
車両運搬具	×××	〇〇引当金	×××
工具器具備品	×××	その他	×××
土地	×××	負債合計	×××
リース資産	×××	（純資産の部）	
建設仮勘定	×××	株主資本	×××
その他	×××	資本金	×××
無形固定資産	×××	資本剰余金	×××
ソフトウェア	×××	資本準備金	×××
リース資産	×××	その他資本剰余金	×××
のれん	×××	利益剰余金	×××
その他	×××	利益準備金	×××
投資その他の資産	×××	その他利益剰余金	×××
投資有価証券	×××	〇〇積立金	×××
関係会社株式	×××	繰越利益剰余金	×××
長期貸付金	×××	自己株式	△×××
繰延税金資産	×××	評価・換算差額等	×××
その他	×××	その他有価証券評価差額金	×××
貸倒引当金	△×××	繰延ヘッジ損益	×××
繰延資産	×××	土地再評価差額金	×××
社債発行費	×××	新株予約権	×××
		純資産合計	×××
資産合計	×××	負債・純資産合計	×××

第1章 今さら聞けない法人成り

【損益計算書】

(自令和○年○月○日　至令和○年○月○日)

(単位：円)

科　　　　目	金　　額	
売上高		×××
売上原価		×××
売上総利益		×××
販売費及び一般管理費		×××
営業利益		×××
営業外収益		
受取利息及び配当金	×××	
その他	×××	×××
営業外費用		
支払利息	×××	
その他	×××	×××
経常利益		×××
特別利益		
固定資産売却益	×××	
その他	×××	×××
特別損失		
固定資産売却損	×××	
減損損失	×××	
その他	×××	×××
税引前当期純利益		×××
法人税、住民税及び事業税	×××	
法人税等調整額	×××	×××
当期純利益		×××

【販売費及び一般管理費の明細】

(単位：円)

科　　　　目	金　　額	
役員報酬	×××	
給料手当	×××	
賞与	×××	
退職金	×××	
雑給	×××	
法定福利費	×××	
○○○○	×××	
○○○○	×××	
○○○○	×××	
○○○○	×××	
○○○○	×××	
○○○○	×××	
○○○○	×××	
○○○○	×××	
販売費及び一般管理費合計		×××

【株主資本等変動計算書】

（自令和○年○月○日　至令和○年○月○日）

（単位：円）

	株主資本									
		資本剰余金			利益剰余金						
						その他利益剰余金		利益剰余金合計		
	資本金	資本準備金	その他資本剰余金	資本剰余金合計	利益準備金	○○積立金	繰越利益剰余金	利益剰余金合計	自己株式	株主資本合計
令和○年○月○日残高	×××	×××	×××	×××	×××	×××	×××		△×××	×××
事業年度中の変動額										
新株の発行	×××	×××		×××						×××
剰余金の配当					×××		△×××	△×××		△×××
当期純利益							×××	×××		×××
自己株式の処分									×××	×××
○○○○○										
株主資本以外の項目の事業年度中の変動額（純額）										
事業年度中の変動額合計	×××	×××	－	×××	×××	－	×××	×××	×××	×××
令和○年○月○日残高	×××	×××	×××	×××	×××	×××	×××	×××	△×××	×××

	評価・換算差額等				新株予約権	純資産合計
	その他有価証券評価差額金	繰延ヘッジ損益	土地再評価差額金	評価・換算差額等合計		
令和○年○月○日残高	×××	×××	×××	×××	×××	×××
事業年度中の変動額						
新株の発行						×××
剰余金の配当						△×××
当期純利益						×××
自己株式の処分						×××
○○○○○						
株主資本以外の項目の事業年度中の変動額（純額）	×××	×××	×××	×××	×××	×××
事業年度中の変動額合計	×××	×××	×××	×××	×××	×××
令和○年○月○日残高	×××	×××	×××	×××	×××	×××

　法人の決算書が個人と異なるのは、法人は取引規模が大きく、利害関係者が多数となるため、正確な決算書を作成する要請があること、またそれに対応することが可能であるという考え方があるからです。

　法人は一般的に個人事業より大規模に取引をしているため、銀行や仕入先などの数も多く、借入金や買掛金の金額が大きくなります。企業が倒産したときに、よく負債総額○○億円と報道されますが、これは債権者の多さを示す1つの指標です。また、資本金が大きくなると株主数も多くなる傾向にあります。

　つまり、取引規模が大きくなると、債権者や株主などの利害関係者が多数に

なります。このため、会社の業績や財務内容を正確に記録しておく必要が出てくるのです。実際はともかく、法人は組織が整い、業務処理をきちんとできるという前提があるため、制度として正確な決算書作成が要請されるのです。

個人事業から法人成りしたことにより商売の内容が必ずしも変わるわけではありませんが、法人化したことで、帳簿のつけ方や申告の仕方が変わってきます。個人の場合は、最大の利害関係者ともいえる税務署が必要な情報を取れたらよいということになっています。ほかにも金融機関という利害関係者もいますが、金融機関にとって必要な情報は個人の決算書からは取りにくくなっており、それが個人向け融資が難しいといわれる理由の1つにもなっています。法人の決算書作成は、手間としては面倒なことになるのですが、その分信用という見返りが得られるのです。

それでは、個人と法人の帳簿について確認してみます。

【個人の帳簿】

白色申告	事業所得、不動産所得および山林所得を生ずべき業務を行うすべての人。	任意の様式で作成した簡易な記載の帳簿でOK。
青色申告	10万円の青色申告特別控除の適用を受ける人（確定申告書に所得税青色申告決算書を添付）。	原則として5種の簡易帳簿を作成（現金出納帳、売掛帳、買掛帳、経費帳、固定資産台帳）。
	65万円の青色申告特別控除の適用を受ける人（確定申告書に所得税青色申告決算書と貸借対照表を添付）。	正規の簿記の原則（複式簿記）により作成。簡易帳簿に足りない帳簿を準備することで対応可能。

令和2年（2020年）分以後の所得税の申告について、青色申告特別控除の見直しが行われます。取引を正規の簿記の原則により記帳している方が適用を受けることができる青色申告特別控除の控除額が、65万円から55万円に引き下げられます。ただし、電子帳簿保存法により帳簿の保管と備え付けを行う場合やe-Taxを利用して提出期限までに確定申告を行う場合は、引き続き65万円の控除が受けられます。e-Taxは利用しやすくなっているので、e-Taxで確

定申告を行えば実質的な影響はありません。

【法人の帳簿】

白色申告	正規の簿記の原則（複式簿記）により作成。 相手先別に日々の取引を一括して記録するなど簡便な方法で OK。
青色申告	同じく、正規の簿記の原則（複式簿記）により作成。 仕訳帳、総勘定元帳が必要。

　上記のように、個人と法人では帳簿が異なります。青色申告法人の帳簿が最も厳密となり、白色申告の個人が最も簡便になります。

　複式簿記の仕組みで作られた決算書は、とてもうまく作られた構造物のように安定しています。ですから、どれだけ取引規模が大きくなっても、業績や財産の状況を1円単位できっちり把握できるのです。だからこそ、会社に「信用」がおけて、得意先で取引口座を開いてもらいやすくなったり、銀行からの融資が受けやすくなったりするなどの効果が出てくるのです。

　複式簿記に対する言葉として、単式簿記があります。これは、いうなれば、アソビの多い緩んだ構造物です。取引規模が大きくなるにつれ、見逃せないアソビが出てきます。それは経営という視点でも、税務署の税金を取るという視点でも、銀行のお金を貸すという視点でもあまり好ましい話ではありません。

　法人成りするということは、必ず複式簿記による帳簿を作成するということでもあります。簿記の知識がない、と心配される方もいるでしょうが、市販の会計ソフトを使うことで対応は可能ですし、会計事務所に依頼することも可能です。複式簿記の対応は、法人成りを検討するにあたっては低いハードルです。

　なお、国税庁の「帳簿の記帳のしかた」というパンフレットがありますので、参考にしたい方はインターネットで検索してみてください。

⑵　個人の事業所得と法人の役員報酬

　個人で事業をしていれば、売上げから売上原価と諸経費を差し引きしたものが所得になります。売上げを上回る売上原価と諸経費があれば、所得は取りようがありません。

10

第1章　今さら聞けない法人成り

　これに対し、法人の役員報酬は、法人にとっての必要経費であり、赤字であっても計上することはできます。支払うお金がなければ、未払の役員報酬となります。

　個人事業から法人成りしても、事業の実態は変わらないのですが、この部分についての考え方が大きく異なります。これは利益をあげるプレーヤー（主体）が個人から法人に変わるからです。極めて当たり前のことをいっているのですが、ここが法人と個人で経費の範囲などに違いを生む根本的な考え方となります。

　法人は、法律によって法人格を付与されたものです。法人格が付与されるとは権利義務の帰属主体となりうることを意味します。つまり、会社の名前で契約をしたり、訴訟を起こしたりすることができるようになります。法人は利益を稼ぐ目的を与えられて生まれた何やら得体の知れない存在です。役員は法人が利益を稼ぐために、株主から経営の委託を受けたものであり、法人にとって役員報酬は経費の一項目となるのです。このあたりの考え方は、役員社宅や節税保険につながってきます。

　なお、法人の役員報酬については法人税法に規定があって、「定期同額給与」「事前確定届出給与」「業績連動給与」のいずれかに該当しない限り、税務上の損金として認められません。

　「定期同額給与」とは、その支給時期が１か月以下の一定の期間ごとである給与で、その事業年度の各支給時期における支給額が同額であるものまたは支給額から源泉税等の額を控除した金額が同額であるものをいいます。毎月の給料が一定額、と考えていただいて結構です。この額の改定は事業年度開始の日から３か月以内に限られています。ただし、役員が新たに就任するとか、役員の職務内容が大幅に変わるとか、経営状況が著しく悪化するなどの場合は、いつでも改定が可能です。

　「事前確定届出給与」とは、所定の時期に確定額を支給する旨の定めを税務署に提出し、それに基づいて支給する給与のことです。役員の場合、原則として賞与は損金に算入されませんが、盆暮れなどに賞与を支給したい場合はこの

11

制度によります。

「業績連動給与」は有価証券報告書等での開示が要件としてありますので法人成りした会社での適用はまずできないため省略します。

役員報酬について、このように取り決めがあるのは、経営者の裁量でいくらでも調整ができるので、法人の利益調整に使われることを回避するためです。業績が悪いので役員報酬を下げるのはむしろ普通の感覚ですが、行き過ぎた節税とされることが多かったことから、規制されています。法人の利益調整に使われるおそれが少ない場合までは規制の対象にはなっていません。

(3) 変わる税金と変わらない税金

法人成りを検討するにあたっていくつかの判断要素がありますが、その中で非常に重要な要素が「税金」です。税金といっても、その種類は多岐にわたりますので、法人成りの前後で変わる税金と変わらない税金を確認しておきます。

変わる税金としては、所得税、法人税、住民税、事業税があります。

変わらない税金としては、上記４つ以外で、消費税、事業所税、固定資産税、償却資産税、不動産取得税、印紙税、自動車税、自動車取得税、自動車重量税など数多くあります。

税金は、基本的に「課税標準」を決め、そこに「税率」を掛けて税額を計算する構造になっています。変わらない税金は、個人と法人を区別することなく課税標準と税率が決まっています。

(4) 税額計算の基本構造

変わる税金の税額計算の基本構造を確認してみましょう。

① 所得税の計算構造

所得税の基本的な計算構造は次のようになっています。

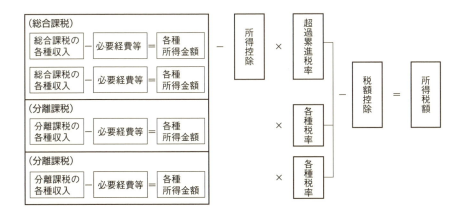

　個人の所得を10種類に分類し、所得区分ごとに所得を計算します。総合課税となる所得は合算し、分離課税となる所得はその所得区分の中で税額計算をします。所得控除が総合課税の所得を上回るときは、分離課税の所得から控除して税額を計算します。

　10種類の所得区分は次のとおりです。

種　類	内　　容
利子所得	預貯金や公社債の利子ならびに合同運用信託、公社債投資信託および公募公社債等運用投資信託の収益の分配にかかる所得をいいます。
配当所得	株主や出資者が法人から受ける配当や、投資信託（公社債投資信託および公募公社債等運用投資信託以外のもの）および特定受益証券発行信託の収益の分配などにかかる所得をいいます。
不動産所得	土地や建物などの不動産、借地権など不動産の上に存する権利、船舶または航空機の貸付け（地上権または永小作権の設定その他、他人に不動産等を使用させることを含みます）による所得（事業所得または譲渡所得に該当するものを除きます）をいいます。
事業所得	農業、漁業、製造業、卸売業、小売業、サービス業その他の事業から生ずる所得をいいます。ただし、不動産の貸付けや山林の譲渡による所得は事業所得ではなく、原則として不動産所得や山林所得になります。
給与所得	勤務先から受ける給料、賞与などの所得をいいます。

退職所得	退職により勤務先から受ける退職手当や厚生年金基金等の加入員の退職に基因して支払われる厚生年金保険法に基づく一時金などの所得をいいます。
山林所得	山林を伐採して譲渡したり、立木のままで譲渡することによって生ずる所得をいいます。 ただし、山林を取得してから5年以内に伐採または譲渡した場合には、山林所得ではなく、事業所得または雑所得になります。
譲渡所得	土地、建物、ゴルフ会員権などの資産を譲渡することによって生ずる所得、建物などの所有を目的とする地上権などの設定による所得で一定のものをいいます。 ただし、事業用の商品などの棚卸資産、山林、減価償却資産のうち一定のものなどを譲渡することによって生ずる所得は、譲渡所得となりません。
一時所得	上記のいずれの所得にも該当しないもので、営利を目的とする継続的行為から生じた所得以外のものであって、労務その他の役務の対価としての性質や資産の譲渡による対価としての性質を有しない一時の所得をいいます。 たとえば次に掲げるようなものにかかる所得が該当します。 ① 懸賞や福引の賞金品、競馬や競輪の払戻金 ② 生命保険の一時金や損害保険の満期返戻金 ③ 法人から贈与された金品
雑所得	上記の所得のいずれにも該当しない所得をいいます。 たとえば次に掲げるようなものにかかる所得が該当します。 ① 公的年金等 ② 非営業用貸金の利子 ③ 著述家や作家以外の人が受ける原稿料や印税

総合課税の対象となるのは、次の所得です（国税庁ホームページより）。

⑴ 利子所得（源泉分離課税とされるものおよび平成28年1月1日以後に支払を受けるべき特定公社債等の利子等を除く）

⑵ 配当所得（源泉分離課税とされるもの、確定申告をしないことを選択したもの、および、平成21年1月1日以後に支払を受けるべき上場株式等の配当について、申告分離課税を選択したものを除く）

⑶ 不動産所得

⑷ 事業所得（株式等の譲渡による事業所得を除く）

(5)　給与所得

(6)　譲渡所得（土地・建物等および株式等の譲渡による譲渡所得を除く）

(7)　一時所得（源泉分離課税とされるものを除く）

(8)　雑所得（株式等の譲渡による雑所得、源泉分離課税とされるものを除く）

　(注)　上記(4)、(6)および(8)にかかる所得の計算において、一定の先物取引による事業所得、譲渡所得および雑所得については、他の所得と区分して申告分離課税の方法により所得税が課されます。

事業所得は次のように算定します。

（青色申告の場合）

事業にかかる総収入

－　事業経費

－　青色事業専従者給与

－　青色申告特別控除

事業所得

（白色申告の場合）

事業にかかる総収入

－　事業経費

－　事業専従者控除

事業所得

　総合課税の個人の所得税率は、所得の額に応じて変動する超過累進税率です。

　住民税は所得水準にかかわらず一律10％ですから、所得税率＋10％が負担する税率と考えてください。たとえば課税総所得金額が4,000万円超の場合は、45％＋10％＝55％となります。

課税総所得金額	所得税率	控除額
195 万円以下	5%	―
195 万円超 330 万円以下	10%	97,500 円
330 万円超 695 万円以下	20%	427,500 円
695 万円超 900 万円以下	23%	636,000 円
900 万円超 1,800 万円以下	33%	1,536,000 円
1,800 万円超 4,000 万円以下	40%	2,796,000 円
4,000 万円超	45%	4,796,000 円

※　復興特別所得税がかかるため、平成 25 年から令和 19 年（2037 年）までの 25 年間は、上表で計算した所得税の 2.1% 増しとなります。

　この税率表はよく目にしますが、2 つの点で勘違いをしやすいので注意してください。

　1 つ目の勘違いしやすい点は、所得金額が「課税総所得金額」となっていることです。課税総所得金額は、扶養控除や生命保険料控除など各種の所得控除後の金額です。給与所得の人が額面の年収を、この表にあてはめて税額を計算したりすると全然違う税額が計算されてしまいます。右の源泉徴収票では、①－②が課税総所得金額に対応する額です。

平成 　　年分 　給与所得の源泉徴収票

支払を受ける者	住所又は居所		（受給者番号） （個人番号） （役職名） 氏名 （フリガナ）

種 別	支 払 金 額	給与所得控除後の金額	所得控除の額の合計額	源 泉 徴 収 税 額
	内　　　千　　　円	① 千　　　円	② 千　　　円	内　　　千　　　円

（源泉）控除対象配偶者 の有無等		配偶者（特別） 控除の額	控除対象扶養親族の数 （配偶者を除く。）			16歳未満 扶養親族 の数	障害者の数 （本人を除く。）		非居住者 である 親族の数
	老人		特 定	老 人	その他		特 別	その他	
有	従有	千　　円	人　従人	内　人　従人	人　従人	人	内　人	人	人

社会保険料等の金額	生命保険料の控除額	地震保険料の控除額	住宅借入金等特別控除の額
内　　　千　　　円	千　　　円	円	円

（摘要）

生命保険料の 金額の 内訳	新生命保険料 の金額	円	旧生命保険料 の金額	円	介護医療保 険料の金額	円	新個人年金 保険料の金額	円	旧個人年金 保険料の金額	円
住宅借入金等 特別控除の額 の内訳	住宅借入金等 特別控除適用数		居住開始年月日 (1回目)	年　月　日	住宅借入金等特別 控除区分(1回目)		住宅借入金等 年末残高(1回目)			円
	住宅借入金等 特別控除可能額	円	居住開始年月日 (2回目)	年　月　日	住宅借入金等特別 控除区分(2回目)		住宅借入金等 年末残高(2回目)			円

（源泉・特別） 控除対象 配偶者	（フリガナ） 氏名		区分		配偶者の 合計所得		国民年金保険 料等の金額		旧長期損害 保険料の金額	
	個人番号									

控除対象扶養親族	1	（フリガナ） 氏名	区分		16歳未満の扶養親族	1	（フリガナ） 氏名	区分		（備考）
		個人番号								
	2	（フリガナ） 氏名	区分			2	（フリガナ） 氏名	区分		
		個人番号								
	3	（フリガナ） 氏名	区分			3	（フリガナ） 氏名	区分		
		個人番号								
	4	（フリガナ） 氏名	区分			4	（フリガナ） 氏名	区分		
		個人番号								

未成年者	外国人	死亡退職	災害者	乙欄	本人が障害者		寡婦		寡夫	勤労学生	中途就・退職				受給者生年月日				
					特別	その他	特別	一般			就職	退職	年	月	日	明	大	昭	平	年　月　日

支払者	個人番号又は 法人番号	（右詰で記載してください。）
	住所（居所） 又は所在地	
	氏名又は名称	（電話）

整理欄	

もう1つの勘違いしやすい点は、税率です。課税総所得金額が330万円以下は税率が10％、330万円超は20％とあるので、もし340万円となると340万円×20％＝68万円と計算しそうです。330万円なら330万円×10％＝33万円となるので、所得が10万円増加すると、税金が35万円（＝68万円－33万円）も増えてしまうので、随分と損になるという勘違いです。改めて言葉に注意して見てみましょう。所得税は「累進税率」ではなく、「超過累進税率」となっています。つまり「超過」した部分につき「累進」した「税率」を使うということです。

　所得が340万円の場合、所得税率は20％ですが、その下に10％と5％の区分があります。それぞれの区分の金額を超えた部分だけが税率が高くなるのです。上空ほど強く冷たい風が吹くとイメージしてもらえばわかりやすいでしょう。高所得、すなわち高層ビルでも、低層階にあたる風は緩やかであるといえます。所得税の速算表は、その点を一番右の控除額の欄で調整しています。

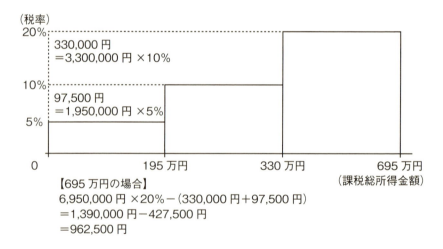

②　法人税の計算構造

　一般に法人税というときは、「法人税額」＋「地方法人税額」の合計をいいます。その基本的な計算構造は次のようになっています。

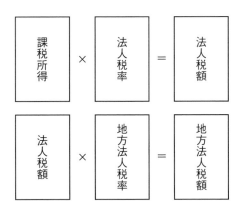

法人税の課税所得の計算は次のとおりです。

| 益金 － 損金 ＝ 課税所得 |

この算式と似たようなもので、次のものがあります。

| 収益 － 費用 ＝ 利益 |

これは会計上の利益算定の算式であり、会社の損益計算書はこの算式を表しています。

利益に対して税金がかかるから、「課税所得」も「利益」も同じではないかと思われる方もいるでしょう。ほぼ一致するのですが、法人税の考え方では、収益と益金の範囲が異なり、同様に、損金と費用の範囲が異なるのです。イメージとしては下図のようになります。

このため、法人税の申告では「申告調整」といって、会計上の利益と課税所得の調整を行う必要があるのです。一方、個人の課税所得の計算においては、このような調整が入りません。

これは、法人は規模が大きく利害関係者が多くなる前提にあるので、各利害関係者にとって中立な会社法に従った会計処理が求められるからです。これに対し個人の利害関係者は法人に比べて少なくなる傾向にあります。個人の決算書においては、税金計算のための課税所得の把握が重要となり、税務基準に従った決算書が作成されますので、法人のような申告調整が入らないのです。とはいいながらも、現実的には、多くの中小企業の決算書は税務基準により作成されています。

さて、税率です。まず地方法人税率ですが、法人税額に対して一律4.4%です。法人税率も一律ですが、中小法人等の800万円までの課税所得については、軽減税率が適用されています。

	課税所得	平成30年度以降	令和3年度以降
中小法人等	年800万円以下	15%	19%
	年800万円超	23.2%	
それ以外		23.2%	

※ 平成Ｘ年度は、平成Ｘ年4月1日以後に開始する事業年度を表します。年800万円以下の税率は令和3年度から19%になっていますが15%の適用が延長される可能性はあります。

中小法人等とは次のような法人等をいいます。
- 普通法人（資本金の額または出資金の額が5億円以上である法人等との間にその法人等による完全支配関係があるもの等を除く）のうち、各事業年度終了のときにおいて資本金の額もしくは出資金の額が1億円以下であるものまたは資本もしくは出資を有しないもの
- 人格のない社団、公益法人等、協同組合等

③ 住民税の計算構造

個人の住民税の課税標準である所得は、所得税を計算する際の所得とは異なる点があります（たとえば基礎控除の額が、所得税では38万円であるのに対し、住民税では33万円になるなど）が、目安をつけるうえでは同じと考えて

も結構です。税率は10％（道府県民税4％＋市町村民税6％）です。この他に均等割が年額4,000円ありますが、平成26年度から令和5年（2023年）度分までは復興特別税を上乗せし年額5,000円となります。

　法人の住民税にも、利益にかかわらず一律にかかる「均等割」と、法人税に応じてかかる「法人税割」があります。法人住民税の基本的な計算構造は次のようになっています。

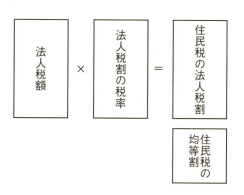

　市町村民税の均等割は資本金等の大きさと従業員数に応じて、道府県民税の均等割は資本金等の大きさに応じて、それぞれ次のとおりとなります。

資本金等の額	従業員数	市町村民税	道府県民税
1,000万円以下	50人以下	5万円	2万円
	50人超	12万円	
1,000万円超1億円以下	50人以下	13万円	5万円
	50人超	15万円	
1億円超10億円以下	50人以下	16万円	13万円
	50人超	40万円	
10億円超50億円以下	50人以下	41万円	54万円
	50人超	175万円	
50億円超	50人以下	41万円	80万円
	50人超	300万円	

法人税割の標準税率は、市町村民税は9.7％、道府県民税は3.2％となっています。実際の税率は各都道府県が条例で定めますが、標準税率の1.2倍までが限度となっています。令和元年10月1日以後に開始する事業年度から市町村民税は6.0％、道府県民税は1.0％となり、一方で地方法人税率は4.4％から10.3％となります。税金の名目は変わりますが、負担する税率は変わりません。

④　**事業税の計算構造**

　個人の事業税の基本的な計算構造は次のようになっています。

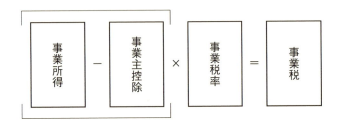

　事業所得は、原則として所得税の課税標準と同じです。ただし、青色申告特別控除（49頁参照）は、事業税に関しては特典となりませんので、事業税を計算する際は青色申告特別控除はないものとして計算します。事業主控除は一律で年間290万円となっています。年の途中で事業を開始したり廃止した場合は月割計算します。税率は業種により3〜5％となっています。

第1章　今さら聞けない法人成り

区分	税率	事業の種類			
第1種事業 （37業種）	5%	物品販売業	運送取扱業	料理店業	遊覧所業
		保険業	船舶定けい場業	飲食店業	商品取引業
		金銭貸付業	倉庫業	周旋業	不動産売買業
		物品貸付業	駐車場業	代理業	広告業
		不動産貸付業	請負業	仲立業	興信所業
		製造業	印刷業	問屋業	案内業
		電気供給業	出版業	両替業	冠婚葬祭業
		土石採取業	写真業	公衆浴場業 （むし風呂等）	－
		電気通信事業	席貸業	演劇興行業	－
		運送業	旅館業	遊技場業	－
第2種事業 （3業種）	4%	畜産業	水産業	薪炭製造業	－
第3種事業 （30業種）	5%	医業	公証人業	設計監督者業	公衆浴場業 （銭湯）
		歯科医業	弁理士業	不動産鑑定業	歯科衛生士業
		薬剤師業	税理士業	デザイン業	歯科技工士業
		獣医業	公認会計士業	諸芸師匠業	測量士業
		弁護士業	計理士業	理容業	土地家屋調査士業
		司法書士業	社会保険労務士業	美容業	海事代理士業
		行政書士業	コンサルタント業	クリーニング業	印刷製版業
	3%	あんま・マッサージまたは指圧・はり・きゅう・柔道整復その他の医業に類する事業			装蹄師業

（出所）東京都ホームページ

　法人の事業税および地方法人特別税の基本的な計算構造は、次頁のようになっています。

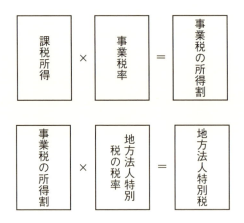

　地方法人特別税は、地方税の税収偏在を是正するために、地方税である事業税の一部を国が徴収し、それを地方に再配分するための仕組みです。18頁で説明した「地方法人税」と名前は似ていますが別の税金です。地方法人特別税の税率は、事業税所得割に対して一律43.2%です。令和元年10月1日以後に開始する事業年度から地方法人特別税は廃止され、特別法人事業税が適用されます。税率は事業税所得割に対して、一律37%です。
　事業税の所得割の税率は法人税率と同じく軽減税率があります。課税所得は法人税の課税所得とほぼ同じと考えてください。資本金が1億円を超える法人については、外形標準課税といって、異なる計算方法で税額が計算されます。これは、規模の大きい法人については、課税所得がマイナスであっても一定額の税金を支払うような仕組みとなっています。法人成りで資本金1億円を超すケースは想定しませんので、説明は省略します。

第1章　今さら聞けない法人成り

【事業税の所得割の税率（外形標準課税法人以外）】

課税所得	軽減税率適用法人	それ以外
年 400 万円以下	3.4%（3.5%）	一律 6.7% （7.0%）
年 400 万円超 800 万円以下	5.1%（5.3%）	
年 800 万円超	6.7%（7%）	

※　税率は標準税率です。実際の税率は各都道府県が条例で定めます。括弧書の税率は、令和元年 10 月 1 日以後に開始する事業年度に適用されます。

⑤　実効税率

　実効税率とは、課税所得に対する実質的な税負担率で、法人税、住民税、事業税の税率をもとに計算をします。単純に税率を足したらよさそうですが、住民税のように法人税に対する割合で計算されたり、事業税のように支払った税金が経費となって節税効果をもたらすものがあるので、少しややこしくなっています。

　日本の実効税率は、国際的な競争力を付けるためや、海外からの投資を呼び込むために段階的に引き下げられており、およそ 30％ となっています。ただし、それでも若干高い水準にあります。

25

【主要各国の実効税率】

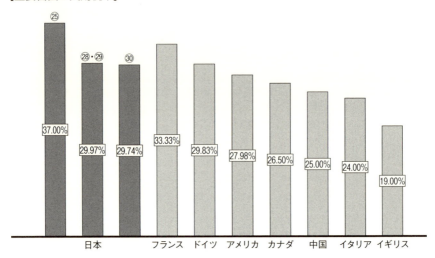

(注1) 法人所得に対する税率（国税・地方税）。地方税は、日本は標準税率、アメリカはカリフォルニア州、ドイツは全国平均、カナダはオンタリオ州。フランスについては、課税所得のうち50万ユーロ以下の部分の税率は28％。なお、法人所得に対する税負担の一部が損金算入される場合は、その調整後の税率を表示。

(注2) フランスにおいては、2018年から税率を段階的に引き下げ、2022年には25％となる予定。イギリスにおいては、2020年度から17％に引き下げる予定。

（出所）財務省ホームページ（2018年1月現在）

　個人と法人の税率を見比べると、超過累進税率の構造をとる所得税率が、途中で法人税率を上回ります。しかし、この分岐点が法人成りをするタイミングではありませんので注意してください。

　単純化しますが、1,000万円の所得があった個人が、法人成りして1,000万円の役員報酬をとれば、法人に残る利益は0となります。ですから1,000万円に対する個人と法人の税負担率を比較するのではないのです。考慮するのは第2章で説明する各項目となります。

第1章 今さら聞けない法人成り

Column 税金の損金算入

　課税所得に対する実質的な税金の割合を算定したものが、実効税率です。対象となる税金は、法人税、住民税、事業税です。このうち、事業税については損金として認められるので、その節税効果が実効税率に織り込まれています。

　事業税が損金となるのに、法人税と住民税はどうして損金にならないのでしょう。これは法人税と住民税は、「所得の中から」支払われることが予定されていることと、また、法人税と住民税を損金算入すると所得金額は「循環的に波動する」ことが理由とされています。

　1つ目の理由にある、「所得の中から」とは、益金－損金の計算を終えてから税金を計算するものであって、税率もそれを織り込んで決められているというものです。

　2つ目の「循環的に波動する」とは、具体的な計算例で見たほうがわかりやすいでしょう。

	1 期	2 期	3 期	4 期
税引前利益	100	100	100	100
法人税および住民税	0	40	24	30.4
税引後利益	100	×40% 60	76	69.6

実効税率を 40％とし、法人税および住民税の経理処理を納付時にした場合

　税引前利益が毎期 100 で一定であるところ、税引後利益（法人税および住民税が損金となるのであれば、上表の税引後利益が「所得」となります）は波のように増えたり減ったりしています。これでは税収が不安定になり、国としては困るという事情です。

　では、事業税はなぜ損金になるのでしょう。事業税は、事業体そのものに課されるものであって、所得の有無とは本来関係がないのです。固定資産税と同じような考え方です。そうであるのに、課税標準として所得がベースとなっているので、法人税や住民税に比べて事業税だけが特別の扱いのように見えるのです。なお、損金算入できる税金でも、それにかかる延滞税や加算税などペナルティ的要素があるものは損金算入はできません。

⑸ 税務調査について

　事業活動をしていれば、個人事業であっても法人であっても税務調査の対象になります。個人事業で5年程度の実績であれば、幸いにも調査を受けていない方もいるでしょう。一般的に税務調査は、直近3年程度を確認します。

　所得税の税務調査には種類があり、「特別・一般」という高額・悪質なものに対する調査のほか、「着眼」という申告漏れ所得などの把握を短期間で行う調査があります。これらの平成28事務年度の実地調査率は1.1％となります。分母は税額のある申告を行った納税者数です。単純計算では100人に1.1人ですから、100年に一度程度です。

　ずいぶん低い割合にみえますが、分母には、不動産所得や給与所得、雑所得に係る納税者も含まれます。不動産所得は、投資用にワンルームマンション1室を所有している人の申告も含まれます。不動産所得の事業構造はシンプルですので、税務署でも申告内容を確認するだけで、適正に申告されているかどうかの見当がつけやすく、机上調査だけで済むケースが多いのです。

　また、複数箇所からの給与を合算するだけの給与所得の申告も実地調査する必要はまずありません。このようなケースで疑わしい点があれば「簡易な接触」といわれる文書、電話による連絡や来署依頼が行われ、その件数を実地調査件数に加えると、税務署からの何らかの接触は、税額のある申告を行った納税者の10.2％となります。

　同事務年度の法人税の実地調査率は3.2％となります。これも率としては低く見えますが、黒字法人だけを分母にするとこちらも10.2％となります。ちなみに事務年度は7月1日から翌年6月30日までとなっています。税務署内の人事異動もこの事務年度を基準にして行われます。

第1章　今さら聞けない法人成り

❸　今さら聞けない法人成りの動機

(1)　目先のお金に惑わされるな

「なぜ法人成りを考えているのですか？」

そう問いかけられて、あなたはどのように答えますか。

「それは法人化したほうが有利になると思うからです」

こういった答えが多いと思います。

「それでは、『有利』とはどういうことですか？」

とさらに質問されるとどうでしょう。

「詳しいことはともかく、支払う税金がトータルで安くなることです」

となるでしょうか。

そのとおりですが、税金だけでなく社会保険も考慮しないといけません。

さらに「この『有利』はずっと続きますか？」という質問があるとその答え
は「きっとそうだろう」となるのでしょうか。

有利さが続くかどうかは、その事業の業績がさらに良くなるか、今のままか、
悪くなってしまうかによって結論は変わってきます。また、有利不利に大きな
影響を与える税制自体の改正によっても結論が変わってしまいます。

スポーツにたとえるなら、選手自身の技能の問題もありますが、ルールブッ
クが変わってしまい、勝てる試合に勝てなくなったということもあるのです。

税制は毎年変更されています。改正の大きな方向はわかっても、いつどのよ
うな改正がされるかは正確にはわかりません。参考に、近年の税制改正で法人
成りに影響のあった項目とその影響をあげてみます。

29

平成 18 年度改正	特殊支配同族会社の役員給与の損金不算入制度の創設	法人成りに大きく不利
平成 19 年度改正	留保金課税の縮小	法人成りに大きく有利
平成 22 年度改正	特殊支配同族会社の役員給与の損金不算入制度の廃止	法人成りに大きく有利
平成 23 年度改正	法人実効税率の引下げ	法人成りに大きく有利
	消費税免税事業者の要件見直し	法人成りに大きく不利
平成 24 年度改正	給与所得控除の上限設定	法人成りに少し不利
	復興特別法人税の創設	法人成りに少し不利
	復興特別所得税の創設	法人成りに少し有利
平成 25 年度改正	所得税率の最高税率引上げ	法人成りに少し有利
平成 26 年度改正	給与所得控除の上限の引下げ	法人成りに少し不利
	復興特別法人税の 1 年前倒し廃止	法人成りに少し有利
平成 27 年度改正	法人実効税率の引下げ	法人成りに大きく有利
	欠損金繰越控除等の期間延長	法人成りに少し有利
平成 28 年度改正	法人実効税率の引下げ	法人成りに大きく有利
平成 30 年度改正	給与所得控除の見直し	法人成りに少し不利

　平成 18 年度の税制改正で創設された、特殊支配同族会社の役員給与の損金不算入制度は法人成りのメリットを潰すための改正であり、それ以前に法人成りした会社は結果的に裏目に出ることもありました。

　一方で、平成 19 年度の留保金課税の縮小は、法人成りを考える事業者には福音でした。同族会社においては個人の超過累進税率を睨みながら役員報酬を調整し、法人に利益を残すといったことが可能であり、留保金課税はそれを防止する目的で作られたものだったからです。

　このように、法人成りを考えるにあたっては、税制などの変更があるため、その時点で試算した結果どおりにならないこともあります。さらに、社会保険制度の変更もあります。

　そこで、法人成りをどのように意味づけるかが重要になってきます。もし法人成りを、「節税」と意味づけ、向こう 3 年の一番の重要な項目に位置づけるとします。法人成りした後に、税制の改正によって節税ができなくなれば、法

人成りは失敗であったということになります。

　しかし、法人成りを、自分の事業を拡張するための1つのステップとして意味づけ、中長期的にはいつかは実行すべきことと位置づけていれば、見込んだほどの節税にならなくとも、目的は達成できたといえるでしょう。要は法人成りの動機が「節税」だけであれば、慎重に判断したほうがよいということになります。

(2)　節税ということの考え方

　ここで節税という言葉について、少し触れておきます。

　事業をしていれば、税金の申告と納税を自分で行うわけですから、嫌でも税金に対する関心は高まります。サラリーマンの経験がある方であれば、所得税と住民税は毎月の給料から天引きされ、年末調整で精算して終了ですから、サラリーマンだった頃と比べると申告と納税の大変さと少しばかりのおもしろさを実感しているのではないでしょうか。

　ひと口に節税といっても、非常に効果が高いものもあれば、何をしているのかわからないようなものもあります。法人成りも1つの節税ですから、この点について、考え方を整理してみましょう。

　考え方の軸として、「お金を使うかどうか」「効果が永久か、一時的か」という2軸で整理するとわかりやすくなります。

　効果が永久か、一時的かというのは、節税の効果が将来うち消されるかどうかということです。

		お金を使うかどうか	
		使う	使わない
節税効果	永久	（ア）	（ウ）
	一時的	（イ）	（エ）

　（ア）は、お金は使って、効果は永久というパターンです。

31

これは、決算の直前に交際費を使ったりすることです。税金を支払うくらいならパッと使ってしまおうという考えで、必要のないものにまでお金をかけてしまう可能性があります。

　（イ）は、お金は使って、効果は一時的というパターンです。

　これは、どちらにしても必要となる支出を今年に行ってしまうというものです。例としては、短期前払費用の特例があります。これは月払いの賃料の契約などを、1年の前払契約にすることです。翌年の経費を今年に前倒ししたことになります。

　他には翌年する修繕を今年に前倒しするなど、費用の前倒しが典型です。これを課税の繰延べともいいます。数年間の期間を通じて見れば、基本的に損にも得にもなっていません。

　（ウ）は、お金を使わずに、効果は永久に続くものです。これはあまりにウマイ話で本当かと思う方もいるでしょう。

　その1つが法人成りです。これは税金計算の体系を変えて節税を行うもので、単純な経費の先送りとは次元が違ってきます。

　（エ）は、お金は使わずに、効果は一時的というパターンです。

　これは特別償却などが該当します。減価償却は、税法上の限度額があり、それを超えても経費にすることはできません。

　ところが、設備投資を促進したいなどの政策的な意図があると、通常の限度額を超えてある一定の金額まで減価償却費を計上できる場合があります。設備の購入資金は当然必要ですが、減価償却は計算上のことなのでお金の支払は伴いません。

第1章　今さら聞けない法人成り

　節税というときは、それがどのパターンに該当するのか、その意味は何かを
よく考えて実行してください。たとえば課税の繰延べは、実質的な効果がない
ように見えますが、場合によっては非常に有効となります。それは税率差があ
るときです。

　課税の繰延べであっても税率が高いときに費用を計上し、税率が低いときに
利益を計上すれば税率差は確実に節税となります。個人の所得税率は超過累進
税率となっていますので、タイミングが合えば非常に節税効果が高くなります。

　たとえば、所得税率が40％のときに100万円の費用前倒しで節税を行ったと
します。翌年の所得税率が10％であれば、その効果は次のように計算されます。

　　今年少なくなる税金　100万円×40％＝40万円

　　翌年増える税金　　　100万円×10％＝10万円

　　節税できた金額　　　　　　　　30万円

　翌年税金が増えるのは、費用の前倒しをしなければ100万円の経費は翌年に
計上できていたもので、それを前年にもってきたために、翌年は100万円だけ
利益が増えてしまったからです。

❹ 今さら聞けない消費税の大切な話

⑴ 消費税の仕組み

　消費税は法人成りの検討において重要な影響があります。税率も段階的に8％、10％と引き上げられ、さらに影響が大きくなります。消費税の基本的な仕組みを理解することで、消費税が法人成りにどのように影響するかがより理解しやすくなります。

	平成26年3月31日まで	平成26年4月1日以降	令和元年10月1日以降
消費税率	4.0%	6.3%	7.8%
地方消費税率	1.0% （消費税の$\frac{25}{100}$）	1.7% （消費税の$\frac{17}{63}$）	2.2% （消費税の$\frac{22}{78}$）
合計	5.0%	8.0%	10.0%

※　令和元年（2019年）10月1日から軽減税率制度が実施されます。軽減税率は、飲食料品や新聞について消費税率を8％に据え置くものです。これは、消費税は所得水準に関係なく一律の税率であるため、低所得者ほど消費税の負担率は高くなるという逆進性を緩和するための措置です。

　消費税は、国内における商品の販売、サービスの提供、それに輸入貨物を課税対象とするものです。

　消費税は、商品やサービスに含まれて、次々と転嫁され最終的に商品やサービスを消費した人が負担することになります。

　事業者は消費税の仕組みの中で、受け取った消費税と支払った消費税の差額を納めることになります。場合によっては還付を受けることもあります。次頁の図の小売店の納付税額は次のとおりです。

第1章　今さら聞けない法人成り

> 納付額（200）　＝　受け取った消費税（300）　－　支払った消費税（100）

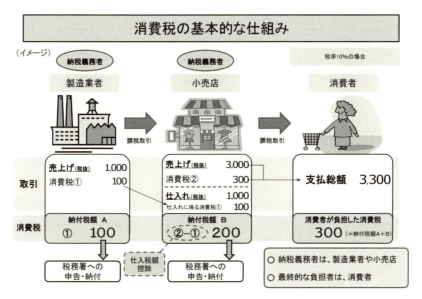

（出所）厚生労働省資料を加工

　上図の消費税の基本的な仕組みに対して、小規模な事業者にとって消費税を計算するのは面倒なので、簡単に計算してもよい（簡易課税制度）とか、そもそも消費税を納税しなくともよい（事業者免税点制度）、というありがたい制度があります。
　なお、小規模な事業者であるかどうかは、消費税の課税売上高などの規模で判定します。課税売上高には雑収入なども含め、税抜金額で判定します。

(2) 簡易課税制度

　簡易課税制度とは、基準期間の課税売上高が5,000万円以下であれば、上記の算式のような計算（本則課税といいます）でなく、課税売上高から「みなし

仕入率」を利用して納付する額を算定するというものです。

納付額＝課税売上高×消費税率×（1－みなし仕入率）

みなし仕入率：業種により90〜40％

　算式だけ見比べると、本則課税も簡易課税もどちらも簡単に見えます。しかし本則課税の場合、売上げと仕入れ（消費税では経費も含め「仕入れ」と表現します）の取引ごとに、課税、不課税、非課税、免税という区分を行わなければ消費税を算定することができません。課税取引、不課税取引、非課税取引、免税取引は次のような区分となっています。

	説　明	例
課税取引	不課税取引、非課税取引、免税取引のいずれにも該当しないもの	
不課税取引	国内において事業者が事業として対価を得て行う資産の譲渡等と輸入取引に該当しない取引	寄附、海外取引など
非課税取引	消費の概念に馴染まないもの、および政策的見地から消費税を課税しないこととしている取引	土地の譲渡および貸付け 有価証券等および支払手段の譲渡 医療・福祉・教育等のサービスなど
免税取引	実際の消費地が海外である場合	輸出取引など

　これに対し、簡易課税であれば、売上高のうちの課税売上高だけを集計すれば、あとは電卓をトントンと叩けば計算ができます。簡単に計算できる理由は、「みなし仕入率」を使うからにほかなりませんが、これは業種によって経費率を定めたものです。利益率が低い業種ほど、それを反映してみなし仕入率が高くなっています。なお、卸売業とサービス業など複数業種を行っていても基本的な考え方は同じですが、簡便的な特例計算も用意されています。

第1章　今さら聞けない法人成り

業　種	具　体　例	みなし仕入率
第一種	卸売業	90%
第二種	小売業	80%
第三種	農業、林業、漁業、鉱業、建設業、製造業、電気業、ガス業、熱供給業および水道業（第一種事業、第二種事業に該当するものおよび加工賃等を対価とする役務の提供を除く）	70%
第四種	第一種事業、第二種事業、第三種事業、第五種事業および第六種事業以外の事業、飲食店業など	60%
第五種	運輸通信業、金融・保険業、サービス業（飲食店業を除く）	50%
第六種	不動産業	40%

※　令和元年（2019年）10月1日を含む課税期間（同日前の取引は除きます）からは、農業、林業、漁業のうち、消費税の軽減税率が適用される飲食料品の譲渡に係る事業区分が第三種事業から第二種事業へ変更されます。

　実際の仕入率がこれより高くても低くてもこの率を使うことになります。下図のような場合は、簡易課税が有利となります。

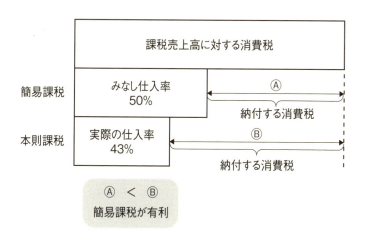

　なお、簡易課税制度を選択する場合は、事業年度が始まるまでに届出を行う必要がありますし、一度簡易課税を選択すると原則として2年間は継続して適用しなければなりません。消費税は届出に関するトラブルの多い税目ですので、専門家への相談をお勧めします。

37

ところで、この簡易課税制度は、制度導入当初は課税売上高5億円以下の事業者が選択できましたが、順に4億円以下、2億円以下、そして現在の5,000万円以下と網の目が小さくなっています。これらの措置はいわゆる「益税問題」に対応するためのものであり、制度導入当初がかなり緩やかな適用になっていたといえます。「益税問題」とは、消費者が負担した消費税が税収として国庫に入る前の事業者段階で、事業者の手元にとどまることをいいます。

　消費税については国税庁がその仕組みを比較的簡単に解説しています。インターネットで「消費税のあらまし」と検索してみてください。

(3)　事業者免税点制度

　「事業者免税点制度」の場合、基準期間の課税売上高が1,000万円以下であれば消費税の申告と納付が免除されます。基準期間とは、法人であれば前々事業年度、個人であれば前々年を指します。

　もし基準期間が12か月に満たない場合は、法人は課税売上高を年換算しますが、個人はそのままで計算します。たとえば、半年で600万円の課税売上高であれば、法人は年換算して1,200万円、個人はそのまま600万円となります。

　ところで基準期間は、なぜ2年前となっているのでしょうか。これはその年度が始まるまでに、事業者が消費税の納税義務の有無がわからないと、売上げに消費税を反映させるかどうか決められないなどの困った点が出てくるからです。前年の売上げを確定するには時間がかかるので、当年度開始日には間に合わず、結局前々事業年度とならざるを得ないのです。

　課税売上高1,000万円の判定は税抜金額で判定します。もし免税事業者であれば、消費税を預かるという概念がないため、消費税として受け取った額も含めて課税売上高となります。

　ちなみに納税義務が免除される基準期間の課税売上高は、制度導入当初の3,000万円以下から1,000万円以下と網の目が小さくなり、ほとんどの事業者が捕まってしまいます。小魚も見逃してくれないのです。

　さらに、税務署はできるだけ消費税を確保するべく例外を設けています。そ

38

第1章　今さら聞けない法人成り

のキーワードは「特定期間」「消費税の新設法人」「特定新規設立法人」です。これらは「3つの網」と言えるでしょう。考え方としては、基準期間の課税売上高の多寡により、免税事業者となる原則は定めたものの、それでは本来消費税の負担ができる程度の事業者までも取り逃がすことになるので、違う網を用意して適当な大きさの魚をすくい上げようというものです。

①　特定期間（1本目の網）

　基準期間の課税売上高が 1,000 万円以下であっても、「特定期間」の課税売上げが 1,000 万円を超えた場合は、課税事業者となります。

　特定期間は、個人事業者の場合はその年の前年の 1 月 1 日から 6 月 30 日までの期間をいい、法人の場合はその前事業年度の最初の 6 か月の期間をいいます。これを 1 年とせず 6 か月とするのは、前事業年度 1 年の数字の集計は、その事業年度開始の日に間に合わず、課税事業者であるか免税事業者であるか判断できないまま商売を進めることになり、値決めなどにも影響があるからです。

　この網は少し緩いところがあって、特定期間の課税売上高に代えて給与等の支払額の合計が 1,000 万円を超えるかどうかで判定してもよいこととなっています。この規定は個人も当然に適用されます。

　事務が十分に行き届いていないという前提がある個人ですから、課税売上高の集計を迅速にしていないケースもあるので、それよりもわかりやすい指標として給与等の支払額が判定に使われているのです。給料はさすがに毎月計算しているのでタイムリーに把握できるという考え方です。

　判定基準として課税売上高も給与等の支払額も同じ 1,000 万円以上としたところが理解しがたいのですが、通常、給与は売上げの範囲内に収まります。ですから特定期間の判定では給与を集計しての判断がほとんどのケースになると思います。

　もし最初から給与等の支払が半年で 1,000 万円を超える事業規模であれば、法人成りした際の消費税の免税期間は 1 年短く、メリットは半減してしまいます。開業時期や決算期の決定にも影響しますので注意が必要です（45 頁参照）。

39

そして、この網は、できるだけ間近の取引規模で消費税が負担できるかどうかを判定しようとするもので、考え方としては、より実態に近い判断ができるのでよいのですが、逆がありません。基準期間の売上げが1,000万円超となっていても、直前の取引規模が落ちてきたら免税事業者としてもよいはずですが、それは許さないのです。

　つまり右肩上がりの事業者は直前の取引を見て課税事業者と判断されるのですが、右肩下がりの事業者は、たとえ直前の取引が落ちていても2年前の業績でしか納税義務の判定をしてくれないのです。

②　消費税の新設法人（2本目の網）

　「消費税の新設法人」は、基準期間がない事業年度の開始の日における資本金の額または出資の金額が1,000万円以上である法人のことです。資本金の大きさで消費税を負担できる会社かどうかを判定しているのです。

　この規定を見ても、資本金の大きさが、会社の安定度、つまり「信用力」を測るモノサシになっていることがわかります。資本金1,000万円以上で法人を設立すると設立年度から課税事業者となって、消費税の負担が発生します。設立後に気づいて減資しても開始の日で判断するので注意が必要です。

③　特定新規設立法人（3本目の網）

　これは資本金がたとえ小さかろうとも、一定の場合は免税のメリットを与えないとするものです。この制度は、比較的規模の大きな人材派遣会社による資本金1,000万円未満の子会社を利用した脱税事案があったための対応です。

　少しわかりづらいですが、特定新規設立法人となる要件を書き出します。

- その基準期間がない事業年度開始の日において、他の者により当該新規設立法人の株式等の50%超を直接または間接に保有される場合など、他の者により当該新規設立法人が支配される一定の場合（特定要件）に該当すること
- 上記の特定要件に該当するかどうかの判定の基礎となった他の者および当

第1章　今さら聞けない法人成り

該他の者と一定の特殊な関係にある法人のうちいずれかの者（判定対象
者）の当該新規設立法人の当該事業年度の基準期間に相当する期間（基準
期間相当期間）における課税売上高が5億円を超えていること

これから法人成りを考える場合は、あまり影響はありませんが大企業などが
別会社で事業を行う場合は、株主構成を考えないと消費税のメリットが取れな
くなります。

(4)　消費税の免税期間をうまく活かす

事業者免税点制度は、原則として2年前の課税売上高を判定の基準とします。
法人成りした場合は、実質的に事業は継続していますが、法人の消費税の納税
義務を判断するのに、基準期間に相当する期間の個人の課税売上高を考慮する
必要はありません。

これは個人と法人をまったく別の存在と位置づけるからですが、このメリッ
トを最大限に活かすことが重要です。法人成りすれば、原則として、個人事業
開業時の2年に加え、さらに2年の合計4年は消費税の免税期間が取れるので
す。

消費税は取引規模に応じて、通常、納税額は大きくなります。事業を始めて
から売上げが伸びたこの時期に免税期間が2年取れると非常に助かります。

成長期にある事業は、利益は増加しても、在庫や売掛金に資金が眠るため資
金繰りが厳しくなる時期でもあります。ですから第1期の課税売上高が年換算
で1,000万円を超えないように開業時期や決算期を調整して、可能なら3年目
まで免税のメリットを享受できるようにしたいところです。

41

Column 消費税

　「消費税を脱税！」という記事をたまに見かけることがあります。脱税のパターンにはいくつかありますが、その１つに、資本金1,000万円未満の法人を設立した場合の免税期間の不適切な利用があります。

　消費税の納税額は、本則課税であれば、（受け取った消費税）－（支払った消費税）で計算されます。極端な例ですが、会社の支払が人件費しかない場合を考えましょう。人件費は消費税法上は不課税であるため、支払った消費税は０となります。そのため受け取った消費税の全額を納付することになります。もしこの人件費を他の会社への外注費として処理できるのであれば、外注費は課税取引であり、支払った消費税が出てくるので、消費税の納付額はかなり抑えられます。

　そこで資本金1,000万円未満の人材派遣会社や業務請負会社を別に設立し、従業員を転籍させて、その会社に外注するのです。外注費を受け取った法人では課税売上げになるので、その分の消費税を納めることになります。ただし免税事業者の期間は納税義務がありませんので、その間は消費税は得したことになります。

　ここで止めておけばよいのですが、この法人が課税事業者になるや、また資本金1,000万円未満で新しく法人を設立し、また免税事業者のメリットを享受するのです。そしてまた…と同様のことを繰り返します。これでは永遠に消費税を納めないことになってしまいます。このようなことが許されるはずもないのに、実行して摘発を受けています。会社を設立する、従業員を転籍させる、外注を行うなど個々の取引に違法性はないのですが、全体としては脱税の意図があると認定されてしまうのです。ある事例では、設立した別会社に実体はなく、外注取引が架空取引であったと認定されています。

　法人成りのメリットとしてあげた免税期間の活用については、このような問題のある取引とは一線を画すものですが、消費税制度の一種の歪みであり、将来的には是正される方向にあるといえるでしょう。

第 2 章

法人成りが果たして
キャッシュを守るのか

Point

この章では、まず「法人成りすることでどのような項
目が有利に働くのか」を項目別に確認します。
次に、従業員や青色事業専従者の有無、所得の状況に
より、「法人成りすることが本当に有利となるか」を
試算しグラフ化して確認します。ここで大きな傾向を
把握することが大切です。ご自身の事業の状況に近い
グラフを参考にしてください。さらに、「法人成りが
失敗した事例」をあげています。あらかじめどのよう
な点に注意しておくべきかがわかるでしょう。

❶ 最初の３年でキャッシュに 違いが出る

　この章では、法人成りした場合に、具体的にどのような点で差異が出るかを検証してみたいと思います。

(1) 設立費用

　法人成りをするためには、受け皿となる法人を設立する必要があります。法人の種類と特徴については、第３章で詳しく述べますが、一般的に利用される株式会社のケースと合同会社（LLC）のケースで検討します。

　一覧形式でその費用を比較してみます。

費用の種類 ＼ 会社の種類	株式会社	合同会社
定款認証	50,000 円	不要
定款に貼付する収入印紙	40,000 円	40,000 円
定款謄本取得費用	１枚あたり 250 円 ２通でおおむね 2,000 円	１枚あたり 250 円 ２通でおおむね 2,000 円
登録免許税	資本金 × $\dfrac{7}{1,000}$ 最低 150,000 円	資本金 × $\dfrac{7}{1,000}$ 最低 60,000 円
申請諸費用　計	242,000 円	102,000 円

　このほかに、会社印作成や印鑑登録証明書費用、会社の登記簿謄本取得費用がかかってきます。

　電子定款認証を行うと定款に貼付する印紙代４万円は不要となります。これを個人でするには、電子証明書の取得や IC カードリーダーの購入などそれなりに手間がかかりますので、司法書士や行政書士に依頼するほうがよいでしょ

44

う。

　法人設立の費用は、設立初年度に一度だけかかる費用であり、すべて法人の経費となります。

(2) 消費税

　法人成りした際の消費税ですが、いつから課税事業者になるかは基準期間や特定期間、それに決算期の関係で変わってきます。

　法人の場合、「基準期間」は前々事業年度をいい、「特定期間」は前事業年度の最初の6か月の期間をいいます。

　平成25年1月1日以後開始する事業年度から「特定期間」の考え方が取り入れられましたが、それまでは「基準期間」の課税売上高1,000万円超と資本金1,000万円以上の判定でしたので、資本金さえ1,000万円未満にしておけば、どれだけ売上げが多くとも法人設立後2年間は「基準期間」は存在せず、その2年間は消費税の免税事業者となりました。

　現在は「基準期間」と「特定期間」の2つで消費税の課税事業者となるかどうかを判定するので、半年の売上高または給与が1,000万円を超える事業規模であれば、2年目から消費税の課税事業者になってしまいます。ちなみに「給与」は従業員給与だけでなく役員報酬も含みます。

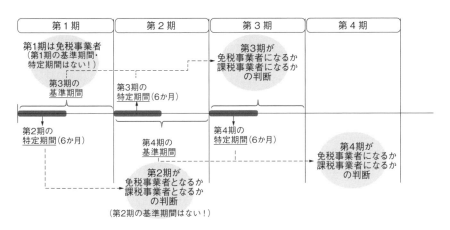

法人設立初年度は消費税の免税期間を最大限生かすために事業期間は12か月となるように決算期を決めましょう、といった情報を目にすることがありますが、そうシンプルなものではありません。

　繰り返しになりますが、特定期間は前事業年度の最初の6か月の期間を言います。ただ事業期間が7か月以下であれば、さらにその前事業年度の最初の6か月を言います。となると法人設立後2年目であると、特定期間が存在しなくなり、2年目も消費税の免税事業者でいけるのです。合計で19か月の免税期間がエンジョイできるのです。

　設立初年度の事業期間を12か月とし、特定期間の判定で2年目に課税事業者となる場合は、免税期間は12か月ですからその差7か月です。法人成りをお考え中の方で今現在個人事業主として消費税を納めている方であれば、その7か月相当分の消費税を納めなくて良いのですから、メリットは大きく感じられると思います。「この月！」と決めたお好きな決算月があれば、消費税の免税のメリットを取ってから決算期の変更をすることができます。

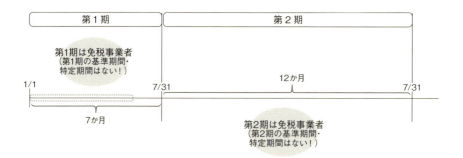

第2章　法人成りが果たしてキャッシュを守るのか

❷ ランニングでキャッシュに違いが出る

(1) 所得の分散

　これは法人に有利に働く項目です。

　所得の分散とは、たとえば 1,000 万円の所得を、本人 700 万円、配偶者 200 万円、親族 100 万円というように、1 人の所得とするのではなく、同族に分散することをいいます。

　これが節税になる理由は、所得税の超過累進税率という仕組みにあります。12〜18 頁で所得税の計算構造は確認しましたが、個人事業主が 1 人で所得をとるということは、高層ビルが 1 棟建っているのと同じで、上層階にいくほど強い風を受けます。そうであれば、床面積を同じにしてビルを 3 棟建てたら、受ける風はどれも緩やかになります。これが所得の分散効果です。

　会社から給料をもらえるのは、従業員と役員です。親族が従業員として給料をもらうのであれば、親族を特別扱いせず、他の従業員と同じ勤務条件と給与水準にする必要があります。

　親族が役員として給料をもらうのであれば、役員としての職務を行う必要があります。取締役の職務は、会社が利益をあげるのに必要な業務を遂行していくことです。監査役の職務は、取締役の職務執行を監査することです。これらの職務を行っていることを明確にするためには、役員会議事録などを残す必要があります。役員報酬は労働の対価としての給料とは性質が異なりますので、毎日の出勤やタイムカードなどは必ずしも必要ではありません。

　また、役員報酬の額も、経営に関与する度合いによって差をつけます。たとえば代表取締役は他に不動産所得があるので、代表者の報酬は抑えて、逆に非常勤の役員が高額報酬をとることは、役割の重さと報酬のバランスを欠いてお

47

り合理的ではありません。

たしかに、親族の節税だけを考えると合理的ですが、節税だけを目的にし、経済原理を無視したような取引については、税務上の問題を呼びますので慎重に判断する必要があります。

(2) 給与所得控除

これは法人に有利に働く項目です。

給与所得控除とは、ひと言でいうとサラリーマンの「みなし経費」ということになります。

自営業者は儲けにつなげようと思って使ったお金のほとんどは経費計上ができるのに対しサラリーマンは、仕事に関するスキルアップのために本を買って勉強しても、研修を受けても、会社が経費として認めてくれなければ自己負担になってしまいます。ただし「給与所得者の特定支出控除」という制度を利用し、確定申告をすることにより一定の金額を超える支出について給与所得から控除することはできます。

給与等の収入金額	給与所得控除額
180 万円以下	収入金額×40% 65 万円に満たない場合は 65 万円
180 万円超　360 万円以下	収入金額×30％＋18 万円
360 万円超　660 万円以下	収入金額×20％＋54 万円
660 万円超　1,000 万円以下	収入金額×10％＋120 万円
1,000 万円超	220 万円（上限）

※　令和 2 年分から給与所得控除が一律 10 万円引き下げられます。また、給与所得控除額の上限額が適用される給与等の収入金額は 1,000 万円から 850 万円に引き下げられ、その上限額は 220 万円から 195 万円に引き下げられます。

額面給料が年間 500 万円の場合は、500 万円×20％＋54 万円＝154 万円が給与所得控除の額になります。1 月当たり約 13 万円の経費枠があるのと同じことになります。思った以上に多くありませんか？　この給与所得控除が法人成りの大きなメリットです。

48

法人成りすると、個人事業主は代表取締役社長となり、会社から役員報酬をもらうことになります。役員報酬も当然に給与所得控除の計算はされます。一方で実際にかかった領収書のある経費は、事業経費として計上するのです。

課税庁からすると給与所得控除制度は、サラリーマンが必要経費を会社につけられないことから、個人事業者と比べて不利な扱いとなるので、みなし経費を認めたものです。その制度を、個人事業と実質的に変わらない、つまり経費を自由につけられる会社にまで認めるのは、制度の不適切な利用であって面白くないのです。

(3) 青色申告特別控除

これは個人にだけ認められる特典です。

個人事業で、青色申告を始めようとする年の3月15日までに「青色申告承認申請書」を提出する必要があります。年の途中で事業を始めた場合は、開業の日から2か月以内に申請書を提出します。

税務署としては、納税者に帳簿をつけてもらうほうが、所得を把握しやすいので、当然に青色申告を推奨します。それを後押しするために青色申告を選択した場合の特典を設けています。

青色申告で所得計算を行えば、所得から65万円もしくは10万円を控除することができるのです。これは領収書など必要ありません。

65万円は、課税所得を計算するうえでの控除ですから、実際に得する額は、65万円×（課税所得額に応じた税率＋住民税10％）となります。課税所得500万円であれば、所得税率20％であり、65万円×（20％＋10％）＝19万5千円だけお得となります。

この青色申告特別控除の額は令和2年（2020年）分から55万円に引き下げられます。ただし、e-Taxによる申告（電子申告）または電子帳簿保存を行うと引き続き65万円の青色申告特別控除が受けられますので実質的に影響はないといえます。国として申告業務の電子化へ誘導しているものです。10万円の青色申告特別控除についての改正はありません。

49

⑷ 青色事業専従者給与

　これは個人の申告で出てくる項目です。家族従業者に給料を支払うのに、届出を出して初めて認められるという制度です。

　仕事をしてもらった人に給料を支払うのは当然であり、それが家族でも他人でも差はないはずです。それをわざわざ届出するのはなぜでしょうか。また、青色申告の事業者でないと認められないのはなぜでしょうか。

　この規定について裁判所は次のように説明しています。

> 「もともと個人事業は家族全体の協力のもとで家族の財産を共同で管理、使用して成り立つものが多く、それについて必ずしも個々の対価を支払う慣行があるものとはいえず、対価が支払われる場合であっても、支払われた対価をそのまま必要経費として認めることとすると、個人事業者がその所得を恣意的に家族に分散して不当に税負担の軽減をはかるおそれが生じ、また、適正な対価の認定を行うことも実際上困難であることから、そのような方法による税負担の回避という事態を防止するために設けられたものである」

　しかし仕事をした人に給料を支払うことができないのはあまりに不合理であることから、誰が、どのような仕事をして、給料をどの程度支払い、昇級はどのように行うかなどを税務署へ届出すれば、給料として認めようとなっているのです。普通には理解しづらい感覚でしょう。

　青色事業専従者になれるのは次の要件をすべて満たす人です。

　イ　青色申告者と生計を一にする配偶者その他の親族であること

　ロ　その年の 12 月 31 日現在で 15 歳以上であること

　ハ　その年の 6 月を超える期間（一定の場合には事業に従事することができる期間の 2 分の 1 を超える期間）、その青色申告者の営む事業に専ら従事していること

第2章　法人成りが果たしてキャッシュを守るのか

※　一定の場合とは、年の中途で開業や廃業があったために1年を通じて事業が行われな
　かった場合や、家族従業員が病気や転居などで業務に従事できなかった場合などです（所
　施165）。

　そして届出に記載した支給の時期に、届出に記載した金額の範囲内で支払を
行う必要があります。
　「生計を一にする」とは、法律で直接的に定義されていませんが、「経済的に
同一の生活共同体に属して、日常生活の資を共通にしていること」と説明され
ます。そして税務職員が従うべき判断基準である通達では次のように説明され
ます。

（生計を一にするの意義）
　法に規定する「生計を一にする」とは、必ずしも同一の家屋に起居している
ことをいうものではないから、次のような場合には、それぞれ次による。
(1)　勤務、修学、療養等の都合上他の親族と日常の起居を共にしていない親族
　　がいる場合であっても、次に掲げる場合に該当するときは、これらの親族は
　　生計を一にするものとする。
　　イ　当該他の親族と日常の起居を共にしていない親族が、勤務、修学等の余
　　　　暇には当該他の親族のもとで起居を共にすることを常例としている場合
　　ロ　これらの親族間において、常に生活費、学資金、療養費等の送金が行わ
　　　　れている場合
(2)　親族が同一の家屋に起居している場合には、明らかに互いに独立した生活
　　を営んでいると認められる場合を除き、これらの親族は生計を一にするもの
　　とする。

　青色事業専従者給与を取っている人は、その金額の多少にかかわらず、控除
対象配偶者や扶養親族になれませんので注意が必要です。

51

(5)　事業専従者控除

これは白色申告の個人に認められる特典です。

事業専従者が事業主の配偶者であれば86万円、配偶者でなければ50万円となります。ただし、この控除をする前の事業所得等の金額を専従者の数に1を足した数で割った金額のほうが低ければ、その金額となります。専従者の数に1を足すことで、事業主も含めた事業に携わる人の合計となり、事業所得等の金額をこの合計人数で割り返すことで、1人当たりの所得を概算しています。この金額が86万円より少ない場合は、その少ない額が限度となります。これは稼ぐ以上に控除はとれないという意味です。

事業専従者控除をとるのに届出は必要ありませんが、確定申告書にはこの控除を受ける旨や金額を記入する必要があります。

白色事業専従者になれるのは次の要件をすべて満たす人です。

イ　白色申告者と生計を一にする配偶者その他の親族であること

ロ　その年の12月31日現在で15歳以上であること

ハ　その年の6か月を超える期間、その白色申告者の営む事業に専ら従事していること

青色申告と違い、支払が条件になっていません。つまり実際にお金を渡しても渡さなくても定額の86万円もしくは50万円は控除できるのです。

白色事業の事業専従者である人も、控除対象配偶者や扶養親族になれませんので注意が必要です。

(6)　損益通算

これはケースバイケースで、法人が有利にも不利にもなります。

損益通算とは、損と益、つまり損失と利益を相殺することです。法人の場合は、法人名義での取引である限り、本業の損益でも、預金の利息でも、株式投資の損益でも、土地の売却による損益でも、全部合算して、課税所得の計算を行います。

第2章　法人成りが果たしてキャッシュを守るのか

　一方、個人の場合も損益の通算はできますが、その範囲が限定されます。所得をその性質から10種類に分け、それぞれで所得を計算します（13頁参照）。事業にかかる損失は損益通算の対象になり、他の総合課税の所得と通算することができますが、不動産や株式の譲渡など分離課税の所得とは通算はできません。

　たとえば、上場株式の売却損益と事業の損益の組み合わせで考えます。

	事業の損益	株の売却損益	損益通算の観点からの有利不利
Ⅰ	＋（利益）	▲（損失）	法人有利
	▲（損失）	＋（利益）	法人有利
Ⅱ	▲（損失）	▲（損失）	引き分け
Ⅲ	＋（利益）	＋（利益）	個人有利

　Ⅰの場合は、損益通算ができる法人が有利になります。個人では分離課税となる所得と事業所得とは通算ができず、利益に対する税金を支払う必要があります。

　Ⅱの場合は、ともに損失であるため通算ということがなく、損益通算という観点ではどちらが有利とはいえません。

　Ⅲの場合は、ともに利益であるため通算ということはありませんが、個人は株式売却益は分離課税で、20％（所得税15％、住民税5％）の税負担となります。一方、法人では、法人税、住民税、事業税と負担することになり、実効税率は約30％となります。株式売却益にかかる税負担を比べると個人のほうが有利になります。

(7)　繰越欠損金

　これは法人に有利に働く項目です。

　損失を繰り越すという考えは個人も法人も同様にあります。所得税も法人税も期間損益計算といって、期間を区切ってその間の課税所得を申告することになっています。これは事業は連綿と続いていくのですが、税金を徴収するには期間を区切って計算する必要があるからです。もちろん税金の観点だけでなく、

53

他にも、業績を把握する、法人であれば決算に基づき配当を行うなどの観点からも、1年で決算を締める必要があります。

　業績がずっと良ければ問題はないのですが、商売のことですから利益が出るときもあれば、損失が出るときもあります。利益が出たときはしっかり税金をとり、損失が出たときには税金はとらないというのは合理的ですが、それだけでは問題です。

　その損失は間違いなくその事業が被った損失ですから、どこかでその損を課税所得の計算に織り込まないといけないのです。それを実現する制度が、「損失の繰越し」であり、「損失の繰戻し」です。

　法人の場合は、10年の繰越し※と1年の繰戻しが、個人の場合は、3年の繰越しと1年の繰戻しが認められます。

　個人であれば「純損失の繰越控除」といい、法人であれば「欠損金の繰越控除」といいます。いずれも青色申告書の提出が要件となります。これはきちんと帳簿をつけて計算された正確な損失だけを繰り越すことを認めるという考え方に基づいています。

　繰越控除と似ている「繰戻し」という制度ですが、「繰越し」は損失を後ろの年度にもっていくことであり、「繰戻し」は前の年度にもっていくことです。繰戻しは住民税にはない概念で、還付されるのは所得税または法人税だけとなります。

　たとえば、売れ筋を外し大量の在庫を廃棄せざるを得なくなった、損失は5,000万円にも膨らんだ、お金は親戚から借りることができて何とかなったが、その損失を回復するには5年以上はかかる見込みである……。

　このようなケースは考えたくありませんが、個人で事業をしていて3年間で5,000万円の所得が出なければ、損失5,000万円のうちの一部は使えないままになります。一方、法人で事業をしていれば10年間※の猶予がありますので損失5,000万円はどこかの年度で利益と相殺することができるでしょう。

※　平成28年度税制改正により、平成30年4月1日以後に開始する事業年度において生ずる欠損金額の繰越期間は従来の9年から10年に延長されました。

【損失の繰越し】

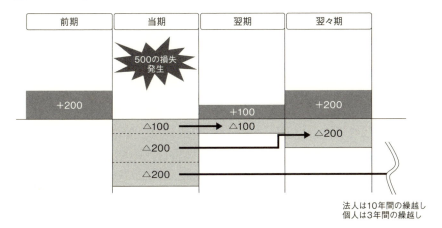

【損失の繰戻し】

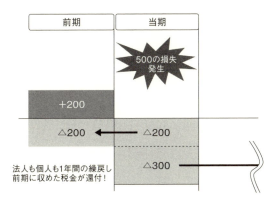

(8) 社会保険

　これは個人に有利に働く項目です。

　年金と健康保険の両方をあわせて社会保険と呼びます。法人は、社会保険の強制適用事業所となり、加入が義務づけられます。個人は、常時雇用している従業員が5人以上となると、法人と同様に強制適用事業所となります。

「常時」とは、雇用契約書の有無とは関係なく、そこで働き、給料を受けるという使用関係が常用的であることをいいます。たとえば労働時間が何時間以上と形式的に判断できればよいのですが、それだけでなく、労働日数、就労形態、職務内容などの諸条件を含め総合的に判断をします。条件に合えば、外国人も、試用期間中の社員も含めて対象となります。

すでに個人で社会保険に加入しているのであれば、法人成りしたところで差異はありませんので、手続きは必要ですが損得に影響はありません。

厚生年金保険料と健康保険料は、被保険者が受ける報酬をもとに決められる標準報酬月額に保険料率を掛けて計算されます。標準報酬月額は、毎年4月から6月までの給料（通勤手当や残業手当、住宅手当など含む）の平均をもとに決まります。標準報酬月額はそれぞれ上限があり、厚生年金は62万円、健康保険は139万円となっています。

健康保険料に関しては、個人事業主の場合は、同業者組合の健康保険か国民健康保険に加入することになります。どの制度が従業員および事業主にとって有利かは、それぞれの制度の設計が異なりますので、個別に判断する必要があります。

　　同 業 者 組 合 ➡ 所得に関係なく頭割りが多い
　　国民健康保険 ➡ 世帯の所得、世帯の人数に応じて決まる
　　協 会 け ん ぽ ➡ 個人の標準報酬月額に応じて決まる

年金に関しては厚生年金か国民年金になりますが、多くの場合は厚生年金の保険料が高く、またその分将来もらえる給付も多くなるという関係にあります。

社会保障4経費として年金、医療、介護、それに少子化への対応があり、財政の問題など多くの課題があるため、将来の制度設計はかなり変化していくものと思われます。ちなみに消費税はこの4つの社会保障費にのみ利用することになっています。

第2章　法人成りが果たしてキャッシュを守るのか

(9)　生命保険

　これは法人のほうが有利に働く項目です。

　個人で生命保険に加入したとしても、それは事業経費にはできず、生命保険料控除（最大で12万円）が受けられるだけです。

　一方、法人は、役員や従業員を被保険者、法人を契約者として生命保険や損害保険に加入することができます。保険商品のタイプによっては、経費計上できる割合はさまざまです。

　同じ保険なのになぜ法人は経費にできて個人は経費にできないのでしょうか。

　法人にとって、役員は利益を稼ぐための司令塔であり、従業員は労働力です。その機能を維持するための支出は費用として認識することができるのです。ただし、役員など特定の個人だけを利するような保険については、役員賞与として法人税算定のうえでは経費性が否認され、個人の所得税も課税がされる場合があります。これを往復ビンタと呼んだりします。痛い課税処分です。

　これに対して個人は、事業を守るための保険というよりは、生活を守るための保険と位置づけられ、事業経費としての取扱いはできないこととなります。ただ、国として保険を促進するため、所得控除という形での特典は与えているのです。

　事業の内容は実質的に変わらなくとも、個人から法人成りすれば、保険を節税や退職金の資金準備に使うことができます。

(10)　手当、慶弔金

　これは法人のほうが有利に働く項目です。

　会社勤めを経験した方は、出張に行けば実費としての交通費やホテル代のほかに、出張日当をもらえたのではないでしょうか。ところが個人では自分自身に出張日当を支払っても、出張日当は事業経費にはなりません。

　出張日当は、適切な額であればもらった個人に所得税はかかりませんので、出張が多い仕事は有利になります。経費として認められるには、制度として存

57

在し、実際に運用されていることを説明する必要があります。このため、出張規程を定めて、対象者、対象地域、金額を明確にします。そして、その規程どおりの支給を行ってください。

⑾　交際費

　これは個人と中小法人(資本金1億円以下の法人)での差は実質的になくなっています。

　交際費に関する税制は改正を経て、現在は中小法人であれば年間800万円以下の交際費全額か、飲食等にかかる交際費の2分の1のいずれかの経費計上が認められています。最低限年間800万円の経費計上が認められるのですが、従業員が数人規模であれば、月平均で66万円の交際費を使うことは少ないため、法人が交際費の取扱いで個人より不利となることはあまりありません。

　交際費について確認ですが、「交際費とは、得意先や仕入先その他事業に関係のある者等に対する接待、供応、慰安、贈答その他これらに類する行為のために支出する費用」をいいます。あくまで「事業に関係のある者等」に対することであることに注意が必要です。この点は税務署と見解がよく分かれる点でもあります。

　なお、1人当たり5,000円以下の飲食等の支出は、次の事項を記載した書類を保存すれば交際費に含めなくてもよくなっています。

　　イ　飲食等の年月日
　　ロ　飲食等に参加した得意先、仕入先その他事業に関係のある者等の氏名又は名称及びその関係
　　ハ　飲食等に参加した者の数
　　ニ　その費用の金額並びに飲食店等の名称及び所在地
　　ホ　その他参考となるべき事項

⑿　役員社宅

　これは法人でしか認められない制度です。

第2章　法人成りが果たしてキャッシュを守るのか

　役員社宅は、法人名義で社宅を賃借し、それを役員に貸し付けるものですが、その際に役員が負担するのは、法人が支払う賃借料よりずっと低い金額でよくなります。また、法人で社宅を所有することもできます。

　役員が少なくともいくら負担するかは、一定の計算式があります。この金額を下回ると経済的利益があったとして役員に所得税が課税されてしまいます。計算式は小規模かそうでないかにより変わってきます。

【小規模な住宅の条件】

建物の耐用年数	床面積
30 年以下	132㎡以下
30 年超	99㎡以下

　マンションの場合は、共用部分の床面積を按分し、専用部分の面積に加えたところで判定します。

住宅の分類		役員の負担する金額
小規模な住宅 （自社所有も 賃貸も同じ計算）		次の(1)から(3)の合計額が賃貸料相当額になります。 (1)　（その年度の建物の固定資産税の課税標準額）× 0.2% (2)　12 円×（その建物の総床面積（㎡）/3.3㎡） (3)　（その年度の敷地の固定資産税の課税標準額）× 0.22%
それ以外	自社所有	イ＋ロの合計額の 12 分の 1 が賃料相当額になります。 イ　（その年度の建物の固定資産税の課税標準額）× 12% 　　ただし、建物の耐用年数が 30 年を超える場合には 12% 　　ではなく、10% を乗じます。 ロ　（その年度の敷地の固定資産税の課税標準額）× 6%
	賃貸	会社が家主に支払う家賃の 50% の金額と、上記（自社所有）で算出した賃貸料相当額とのいずれか多い金額が賃貸料相当額になります。
	豪華社宅	時価（実勢価額）

　豪華社宅であるかどうかは、床面積が 240㎡ を超えるもののうち、取得価額、支払賃貸料の額、内外装の状況等各種の要素を総合勘案して判定します。240㎡以下の場合でも、プールや役員個人の嗜好を強く反映した設備等を有するも

59

のは、豪華役員社宅と判定されます。

　社宅を法人で所有した場合は、修繕費や維持費も法人の経費になり有利になります。しかし法人に何かあると差押えの対象にもなります。また、将来個人名義に移そうとすると、不動産取得税や登録免許税、印紙税などを再度負担することになります。長期的な観点では一概に有利か不利かは判断が難しいところです。

第2章　法人成りが果たしてキャッシュを守るのか

Column　非常勤役員の社会保険加入の要否

　会社の役員は労働日数や労働時間に縛られずに仕事をしますので、一般の従業員と同じ労働時間などの基準で社会保険加入の要否を一律に決めることができません。

　そこで役員については、「業務が実態において法人の経営に対する参画を内容とする経常的な労務の提供であり、かつその報酬が当該業務の対価として当該法人により経常的に支払を受けるものであるか」を基準として判断することになり、この基準に該当すれば社会保険に加入することになります。非常勤役員が社会保険に加入しなくてよいのは、原則として「経常的な労務の提供」がないからです。

　しかし注意しておきたいのは、日本年金機構より役員の社会保険加入の判断材料として次の点が示されている点です。

①　当該法人の事業所に定期的に出勤しているかどうか。
②　当該法人における職以外に多くの職を兼ねていないかどうか。
③　当該法人の役員会等に出席しているかどうか
④　当該法人の役員への連絡調整又は職員に対する指揮監督に従事しているかどうか
⑤　当該法人において求めに応じて意見を述べる立場にとどまっていないかどうか
⑥　当該法人等より支払をうける報酬が、社会通念上労務の内容に相応したものであって実費弁償程度の水準にとどまってないかどうか。

　以上のうち、どれか1つの判断だけで社会保険加入の要否が決まるものでなく、状況を総合的に判断することになります。

❸ 事業をやめるときに キャッシュに違いが出る

(1) 退職金

これは法人のほうが有利に働く項目です。

法人成りを検討する方は、退職のことなどまだずっと先のことで、それよりも事業を拡大することに関心が向くことと思います。しかし将来のことも少しばかり考えてみましょう。

個人の場合、退職するときとは廃業の届出を提出して、事業をやめることになります。そのときに退職金を支給し、それを退職所得として申告することはできません。

これに近い制度として小規模企業共済があります。加入できる条件がありますが、廃業時には退職所得として共済金を受け取ることができ、法人成り後も引き続き加入ができます。掛金は最大で月額7万円、年額にして84万円です。この掛金は事業経費になりませんが、所得控除として全額控除ができますので、経費を計上したのと同じ効果があります。

法人の場合、役員退職金の税務的な適正額として、次のような計算式が一般的です。

役員退職金＝最終報酬月額×役員在位年数×役位別功績倍率＋功労加算金

役位別功績倍率は類似法人の功績倍率を参考にしますが、社長であればおおむね3程度となっています。

さて、30年間法人で事業をした場合と、個人で事業をした場合で比較してみましょう。

法人の場合、役員退任時の報酬（最終報酬月額）が月額100万円であれば、

退職金は 9,000 万円（＝ 100 万円 × 30 年 × 3 ）を支給することができます。

　個人の場合、小規模企業共済に加入の場合、最大で年額 84 万円 × 30 年 ＝ 2,520 万円に、加入期間の運用益がのった金額を退職金として受け取ることができます。

　事業が順調に継続するのであれば、退職金の観点からは法人で事業を行うほうがずっと有利となるのです。法人成りすれば利益があがり退職金が増えるわけではありません。個人でも法人でも同じ人が同じように稼ぐことを前提にしています。

　それでも個人より法人が有利となるのは、法人の場合は、退職金準備のために役員報酬を少し抑え気味にするなどの調整ができるからです。役員報酬を抑えると、反対に利益が増えて法人税が増えますが、そこは生命保険などを使うなどの対応があります。

　一方、個人では、利益が出たら出ただけが毎年の所得となります。税務上、年々の所得と退職所得ではその意味づけが違っています。ここがポイントですが、退職所得は、次の職を見つけるまでの資金であり、また、老後の生活資金であり、税金を負担する力（担税力）の弱いお金と位置づけられるため、毎年の所得に比べ税額はかなり軽減されています。

　下記の算式で退職所得は算定されますが、退職所得控除を取った後さらに半額にしてしまいます。ですから、年々の所得でもらうより、退職金としてもらうほうがずっと手取りは多くなるのです。結局、退職金に関して法人が有利になる一番の要因は、退職金の課税方式にあり、またその準備のために取りうる手段が法人のほうが多くあるということです。

（額面退職金 − 退職所得控除） × $\dfrac{1}{2}$ ＝ 退職所得

　退職所得控除は次のように計算されます。勤続年数に端数が出る場合は、切上げ（納税者有利）となります。80 万円に満たない場合は、80 万円になります。

勤続年数	退職所得控除額
20 年以下	40 万円×勤続年数
20 年超	800 万円＋ 70 万円×（勤続年数－ 20 年）

(2) 清算費用

これは個人のほうが有利に働く項目です。

法人は、法律に基づき一定の目的のために作られた人格です。これをやめるには、また法律の手続きに従って何もない状態にする必要があるのです。株式会社の解散から清算に至る手続きは次のようになります。

株主総会の解散決議・清算人の選任

⬇

現務の終了・清算事務の開始

⬇

解散および清算人の登記

⬇

解散日の財産目録および貸借対照表の作成と株主総会における承認

⬇

債権申出の公告および知れたる債権者への通知

⬇

債権取立、財産換価、債務弁済

⬇

清算事業年度の株主総会

⬇

残余財産の確定

⬇

残余財産の分配

⬇

決算報告の作成と株主総会における承認

⬇

清算結了登記

第2章　法人成りが果たしてキャッシュを守るのか

　法人の場合、個人が廃業する場合に比べ、手続きが複雑になっています。これは法人の利害関係者が多数に上ることを前提にしているからです。1人だけの会社であっても同様の手続きを踏む必要があります。

　解散登記と清算人の登記費用は3万9,000円、清算結了登記申請費用2,000円となっていますが、専門家へ相談すれば支払報酬なども発生するため、個人の廃業に比べると手間も費用もかかるといえます。

❹ 具体的にあなたの場合の有利不利額を試算してみよう！

(1) 分析の仕方

法人成りが有利となるかどうかの個別の論点は、ここまでに解説したとおりです。ここからは、数字を使って比較をしていきます。

① 有利不利の判断指標

法人成りが有利となるかどうかを分析するのに、どの要素を変数にし、何をもって有利不利の判断をするかは大切なポイントとなります。

判断の指標としては、税金と社会保険料の合計が適当です。社会保険料の負担は大きく、また「税と社会保障の一体改革」が行われているなか、税金負担だけで有利不利を判断することはできません。社会保険料も税金の一種として捉える必要があります。

ですから、個人事業をしているときの「個人の税金」と「個人負担の社会保険料」の合計を Before とし、法人成りした後の「法人の税金」と「法人負担の社会保険料」それに「個人の税金」と「個人の社会保険料」の合計を After として、両者を比較します。「After」の中に「個人の税金」や「個人負担の社会保険料」がでてきますが、これは法人成りしたあとの役員報酬に対する税金や社会保険料ですので、Before ででてくるものとは計算方法が違っています。

また「個人」には事業主本人分と配偶者分の両方を含めて考えます。これは、法人成りが有利となるか不利となるかは世帯として考えないといけないからです。

●有利不利の判断指標は、税金と社会保険料の合計額

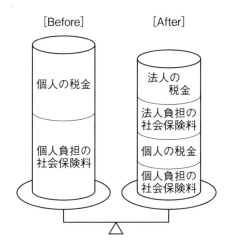

② 法人成り後の社会保険

　法人成り後の社会保険（厚生年金、健康保険）の加入関係と有利不利の試算について整理しておきましょう。

　法人は社会保険の強制適用事業所になるので、法人成りしたのに未加入という選択肢はありません。未加入であるのは手続きを行っていない状態にあるだけです。ですから代表取締役は社会保険に加入するのですが、配偶者の場合は未加入というケースがあり得ます。これは原則として「非常勤役員」の場合は、社会保険に加入できないからです。また所得見込みが130万円以下であれば、社会保険の扶養に入ることができます。

　「青色事業専従者」は事業に専ら従事する者ですから、法人成りしたあとは原則として「常勤」の役員もしくは従業員とします。役員であっても従業員であっても社会保険や税金は変わりません。

　「青色事業専従者」になっていない配偶者が、法人成り後に役員に名を連ねる場合は「非常勤」の役員とします。つまり次頁のような前提で試算をしています。

青色事業専従者→事業に専ら従事→常勤役員→社会保険加入

青色事業専従者でない→事業に専ら従事していない→非常勤役員→社会保険に加入できない（所得見込み130万円を超えるときは国民健康保険、国民年金）

　青色事業専従者がいないケースでは、独身の方が事業をしている場合の個人事業を Before 1 、法人成り後を After 1 とします。そして青色事業専従者になっていない配偶者がいる場合の個人事業を Before 2 、法人成り後を After 2 とします。After 2 では配偶者を年収130万円以下の非常勤役員としています。今まで事業に従事していなかったので常勤役員とはしていません。ちなみにBefore 2 は Before 1 に比べ、国民年金が夫婦それぞれで必要であり、また国民健康保険も世帯人数により計算が変わってきます。

個人事業		法人成り後
（Before 1 ） ・事業主	→	（After 1 ） ・代表取締役（厚生年金、健康保険加入）
（Before 2 ） ・事業主 ・配偶者（青色事業専従者でない）	→	（After 2 ） ・代表取締役（厚生年金、健康保険加入） ・非常勤役員（年収130万円以下で扶養に入る）

　青色事業専従者がいるケースでは、法人成り後は常勤役員となることを前提にしていますが、社会保険料の負担が大きいのであれば、個人事業のときに青色事業専従者であった者が働き方を変えて非常勤役員になることも検討すべきです。また、社会保険の扶養に入るために配偶者を非常勤役員とし、その報酬を年間130万円までに抑えることも可能です。

　そこで青色事業専従者がいるケースの法人成り後のパターンを3つに分けて試算します。

第2章　法人成りが果たしてキャッシュを守るのか

個人事業		法人成り後
		（After 1 ） ・代表取締役（厚生年金、健康保険加入） ・常勤役員（厚生年金、健康保険加入）
（Before 1 ） ・事業主 ・青色事業専従者	→	（After 2 ） ・代表取締役（厚生年金、健康保険加入） ・非常勤役員（国民年金、国民健康保険加入）
	→	（After 3 ） ・代表取締役（厚生年金、健康保険加入） ・非常勤役員（年収130万円以下で扶養に入る）

③　有利不利試算の変数

　変数として適当なものは、売上げ、所得、従業員数のいずれでしょうか。売上げを変数とする場合は、売上げ1,000万円の場合、2,000万円の場合と売上げを変動させて法人成り前後の影響を比較することになります。

　しかし、業種による事業構造の違い（薄利多売であれば売上げのわりに所得が少なく、逆の場合は売上げのわりに所得が多くなる）があるので、売上げを変数に法人成りの有利不利を一般化して説明してもあまり意味をもちません。

　所得をもとに税金を計算するのですから、やはり変数として一番に有効なものは、**所得**です。ただし、所得は事業主1人分だけでなく、事業に関係する親族の分も合わせての判断となります。同族経営の場合は、報酬はどのようにも配分することができるため、代表者の報酬にだけ着目していては全体が見えづらくなります。ですから、報酬をとる前の金額に着目し有利不利を判断します。この報酬をとる前の金額を本書では「**真の収益力**」と呼びます。

　また、見落としがちですが、**従業員数**も重要な変数です。現在個人事業で社会保険の加入事業所になっていなければ、実感は薄いかもしれませんが、これは利益の有無にかかわらず容赦なくかかる税金と同じです。仮に月給25万円の従業員が3名いると、会社負担だけで毎月10万円強の社会保険料の負担になります。

　さらに、個人事業に**青色事業専従者**として配偶者が働いているかどうかも結果に大きな影響を与えますので変数とします。

結果的に複雑になりますが、青色事業専従者がいる場合と、いない場合のそれぞれで「真の収益力」と「従業員数」を次のように組み合わせた試算をしてみました。

【青色事業専従者なし】	（真の収益力）×	（従業員数）〔本書該当頁〕	
400万円×0人〔84〕	700万円×0人〔86〕	1,000万円×0人〔87〕	1,500万円×0人〔88〕
400万円×1人〔89〕	700万円×1人〔90〕	1,000万円×1人〔91〕	1,500万円×1人〔92〕
400万円×2人〔93〕	700万円×2人〔94〕	1,000万円×2人〔95〕	1,500万円×2人〔96〕
400万円×3人〔97〕	700万円×3人〔98〕	1,000万円×3人〔99〕	1,500万円×3人〔100〕
【青色事業専従者あり】	（真の収益力）×	（従業員数）	
400万円×0人〔101〕	700万円×0人〔102〕	1,000万円×0人〔103〕	1,500万円×0人〔104〕
400万円×1人〔105〕	700万円×1人〔106〕	1,000万円×1人〔107〕	1,500万円×1人〔108〕
400万円×2人〔109〕	700万円×2人〔110〕	1,000万円×2人〔111〕	1,500万円×2人〔112〕
400万円×3人〔113〕	700万円×3人〔114〕	1,000万円×3人〔115〕	1,500万円×3人〔116〕

④ 真の収益力を知ろう！

なお、真の収益力は、青色申告決算書では「33」欄の金額、収支内訳書では「19」欄の金額を指します。

この欄は、65万円または10万円の青色申告特別控除や、青色専従者給与（白色専従者控除）を取る前の金額です。法人の決算書であれば、税引前利益に同族役員の給料を足した額です。

この額は、言い換えれば事業主が自由に処分できる「世帯の可処分所得」とみることができます。青色申告特別控除や、白色専従者控除は実際にお金が出ていくわけではありませんし、青色事業専従者給与は同じ世帯の中に入ります。

第2章　法人成りが果たしてキャッシュを守るのか

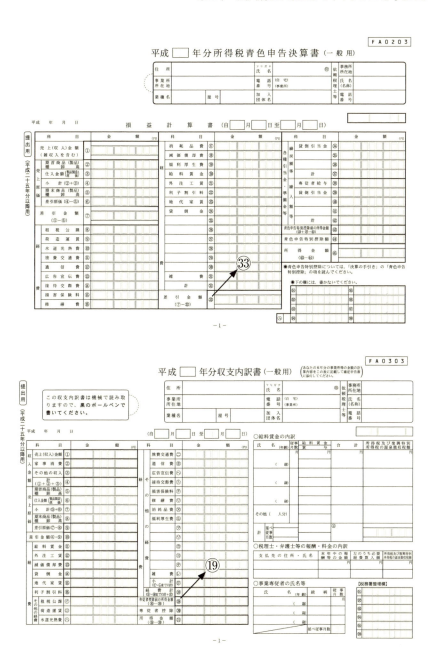

⑤ 試算にあたっての注意事項

なお、本書では多くのケースを試算するにあたり共通して次の前提を置いています。

- 金額は万円未満を四捨五入するため、合計が一致しないことがあります。
- 個人事業は青色申告を行っているとします。
- 所得控除は、基礎控除、配偶者控除、配偶者特別控除、社会保険料控除のみ考慮しています。
- 個人事業税率は5％としています。
- 青色事業専従者の給与の額は、真の収益力の水準に応じて、400万円のときは180万円（月額15万円）、700万円のときは240万円（月額20万円）、1,000万円のときは360万円（月額30万円）、1,500万円のときは480万円（月額40万円）と変化させています。
- 所得の分散という観点からすれば、役員は定款に定める範囲内で何人でも定めることができますが、本人と配偶者の2人を役員として考えます。
- 法人成りをした場合、社会保険料の会社負担が生じるので、世帯合計の所得として、個人のときと同額の給料を取ることはできなくなります。可能な限り世帯での所得水準を落とさないように、法人成り後の役員報酬の水準を定めています。

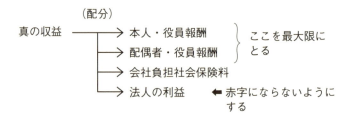

- 従業員の給料は月額25万円としています。
- 協会けんぽ、国民健康保険は大阪府、大阪市で試算をしています。また夫婦＋子1人の世帯としています。
- 復興特別所得税は、平成25年から令和19年（2037年）までと長期に続

きますので、考慮しています。
- 特に断りを入れていないものは、平成31年（2019年）3月末時点の法令等に基づいて試算しています。

⑥ 利用するグラフについて

分析にあたっては、2つのグラフを利用しています。

①

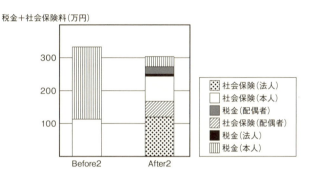

②

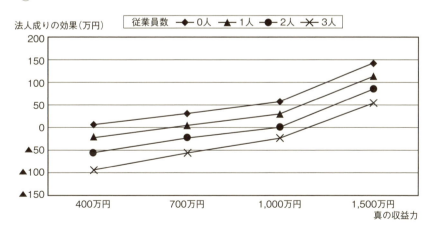

①のグラフは、法人成りの Before、After で税金と社会保険の「絶対額」を棒グラフに積み上げて比較しています。3つの変数―「青色事業専従者の有無」「真の収益力」「従業員数」―の組み合わせごとに作成しています。

②のグラフは、青色事業専従者のあるときとないときで、真の収益力と従業員数を変動させると、有利不利額はどのように動くかを示しています。事業は生き物であり、将来において従業員数や真の収益力は変動していきます。そのときに有利不利額はどのように動くかをイメージしていただけるでしょう。

(2) 結果の要約

① 青色事業専従者がおらず、法人成り後に配偶者が非常勤役員になるケース

まず青色事業専従者がいない場合で配偶者を非常勤役員とするケースをみてみましょう。非常勤役員は配偶者に限らず他の親族もなれますが、別世帯の親族であればその分、事業主の世帯所得が減ってしまいますので、非常勤役員は配偶者としています。

図表1では、従業員が0人であれば真の収益力が400万円であっても法人成りしたほうがメリットをとれます。従業員が1人いる場合は真の収益力が700万円が有利不利の分岐点であり、従業員が2人いる場合は真の収益力1,000万円が分岐点です。

【図表1】

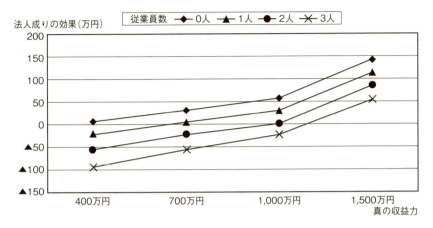

② 青色事業専従者がおらず、法人成り後も家族役員を入れないケース

次に**図表2**（76頁）をみてみましょう。独身の方が事業を行うケースです。この場合、従業員が0人の場合であっても真の収益力が1,000万円を超えないとメリットがでてきません。

図表1との差は何でしょうか。**図表1**では配偶者が法人成り後に非常勤役員になる前提の試算です。ですから、法人成り後に「所得が分散」され、配偶者は非常勤役員なので「社会保険に加入できない」、というパターンです。

配偶者は年収130万円以上になると国民健康保険と国民年金の負担が生じますが、それを考慮しても法人化したほうがメリットをとれます。このパターンにはまる人が一番に法人成りのメリットを享受できます。

【図表2】

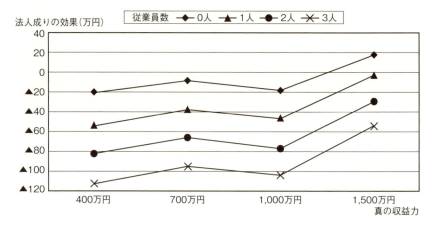

　従業員の数が増えるごとに折れ線グラフは下方にシフトしていますが、これは社会保険料の負担が増加することが主な理由です。厚生年金と健康保険は標準報酬月額の約30％にも及びます。これを労使それぞれで折半するのですから、試算に使った月額25万円、年額300万円の従業員給料では年45万円ほどの会社負担が生じることになります。

　従業員が3人いれば年135万円にもなります。これだけの社会保険料の負担を上回る税金のメリットを出すには、所得水準が高くないと、つまりそもそも支払う税金が多くないと難しくなります。

③　青色事業専従者がいて、法人成り後に配偶者が常勤役員となるケース

　次に青色事業専従者がいる場合をみてみましょう。従業員数にかかわらず法人成りのメリットは一向に出てきません。これは法人成りのメリットである、「所得の分散」と「給与所得控除」が、法人成りせずとも青色事業専従者給与を出すことによりすでに一部取れているからです。

　また、法人成り後に配偶者は常勤役員となり、夫婦でそれぞれ社会保険に加入することになるため、法人成りによる社会保険料の負担増というマイナス面

が前面にでてきます。

【図表3】

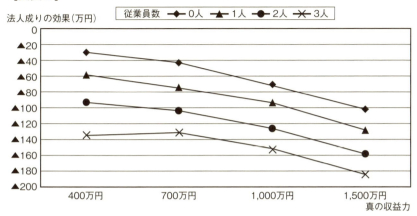

④ **青色事業専従者がいて、法人成り後に配偶者が非常勤役員となるケース**

それでは社会保険料の負担を軽減するべく青色事業専従者であった配偶者が常勤役員でなく、非常勤役員になる場合はどうでしょうか。**図表4**はそのグラフですが**図表3**に比べて総じて不利となる額は減少しています。

【図表4】

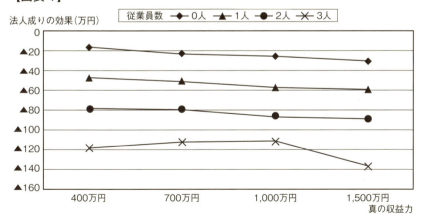

⑤ 青色事業専従者がいて、法人成り後に配偶者が年収130万円未満の非常勤役員となるケース

またもう1つ捻りを加えて青色事業専従であった配偶者を社会保険の扶養に入れるように非常勤役員で、年収130万円に抑えたとしましょう。**図表5**はそのグラフですが、**図表3**に比べると不利となる額は減少しています。

【図表5】

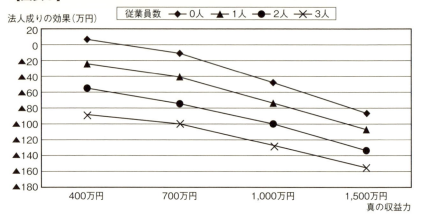

⑥ 青色事業専従者がいる場合の従業員数別比較

今度は配偶者が常勤役員（After 1）、非常勤役員（After 2）、非常勤役員で年収130万円未満（After 3）のグラフを従業員の人数ごとに重ねてみましょう。

【図表6】従業員が0人の場合

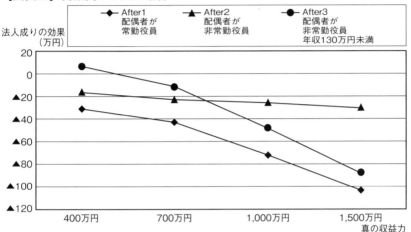

【図表7】従業員が1人の場合

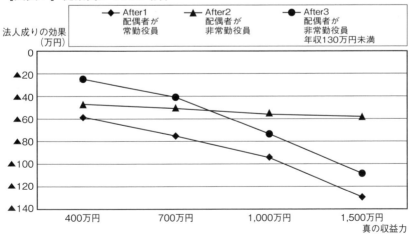

【図表8】従業員が2人の場合

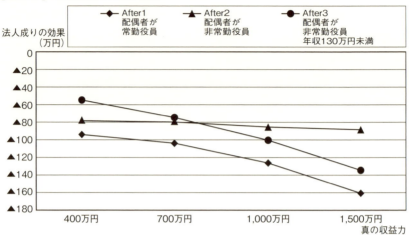

【図表9】従業員が3人の場合

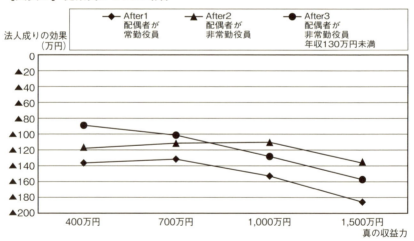

　従業員の人数が変わると全体的にグラフが下方にシフトします（不利額が大きくなります）が、グラフの描くパターンはほぼ同じです。真の収益力が700万円を超えるあたりまでは、配偶者を年収130万円未満の非常勤役員とするAfter3のパターンが最も有利となり、それを超えると配偶者を非常勤役員と

第2章　法人成りが果たしてキャッシュを守るのか

する After 2 のパターンが最も有利となります。

このような逆転が起こるのは配偶者の所得を年収130万円未満に抑えることで「所得分散」と「給与所得控除」のメリットを十分に取ることができなくなるからです。そして、配偶者を常勤役員とする After 1 のパターンが所得水準や従業員数にかかわらず常に最も不利となります。

以上のように見てくると青色事業専従者がいる場合は法人成りのメリットはないとなるのでしょうか。

まず、すでに説明したとおり、損益通算や欠損金の繰越し、諸手当や慶弔金、交際費、役員社宅など法人ならではのメリットがあるので、この点のメリットを考慮できないか、と考えます。

欠損金の繰越しについては、もし発生すれば法人のほうが有利になることは間違いありませんが、試算に織り込むには難しい項目です。損益通算についても同様です。

諸手当や慶弔金ですが、出張が多い仕事をしていればメリットはとれます。出張手当は、「社会通念で判断して相当額」でないと、経費性を否認されることがあります。仮に5,000円を国内出張手当とすれば、これに所得税はかからず、法人の経費にすることができます。たとえば年間100日出張があれば、手当額は年50万円となります。この節税効果は50万円×30％＝15万円となります。実効税率は、所得水準や地域によって変わりますので、1つの目安です。

役員社宅の影響について、月額賃料15万円の賃貸マンションに住んでいて、会社が支払う家賃の半額を役員負担として支払っているとします（59頁の計算を行って所定の家賃を取るのが原則です）。年額にして7万5,000円×12か月＝90万円が法人の経費として計上できます。実効税率で節税効果を見ると27万円となります。

このほかにも生命保険による退職金準備などを利用することができれば、たとえ税金と社会保険でマイナスであったとしても、法人成りのメリットは享受できる可能性はあります。

81

このように、法人成りの有利不利については、前提条件を変更するだけでその結果は大きく変わってくるということをおわかりいただけるでしょうか。事業を行う条件は十人十色であり、ぴったりあてはまるケースがないかもしれません。しかし数多くの試算を行い、その推移をまとめることにより、考え方や傾向が読み取れると思います。従業員が増えたらどうなるのか、真の収益力が変わるとどうなるのか、ある程度の予測がつくと思います。

ところで、法人成りにあたり消費税はどのように位置づけられるでしょうか。消費税を支払わなくてもよい免税事業者としての期間は、決算期と基準期間や特定期間との関係で変わることは 45 頁で確認しました。期間が短いか長いかはありますが、ずっと継続する効果ではありませんので、ボーナスと位置づけましょう。支払がなくなったという意味でのボーナスです。法人成りという手間のかかることをするのでボーナスが支給される。それで法人設立費用やその他の諸費用（名刺、ホームページ、封筒、会社看板などの更新費用）をまかないましょう。

⑦　要　約

さて色々とケースをみましたが、大切なことは次のように要約されます。

（全体的に言えること）

- 税金面だけで法人成りの是非を論じてはいけない。社会保険が重要。
- 法人成りで節税となる主な理由は「所得の分散」と「給与所得控除」である。
- 消費税の免税事業者のメリットは一過性のものでボーナスと位置づける。

（青色事業専従者がいない人へ）

- 青色事業専従者がおらず、法人成り後に配偶者が非常勤役員となる場合は、真の収益力が 400 万円からメリットがある。
- 独身の方が事業を行っている場合、真の収益力が 1,000 万円を超えてからでないとメリットはとれない。

第2章　法人成りが果たしてキャッシュを守るのか

（青色事業専従者がいる人へ）

• 青色事業専従者がいる場合は、「所得の分散」「給与所得控除」の二大メリットをすでに取っているので、法人成りしても社会保険の負担が大きく、不利となる。

• 税金＋社会保険の合計額では不利になっても、法人成りすることによるメリットはある（役員社宅や出張手当、退職金など）。

• 社会保険の負担を抑えるために、青色事業専従者である配偶者を法人成り後は、非常勤役員とする、または非常勤役員で年収130万円未満とすることは検討する価値がある。

(3)　数値モデル

　ここからは、試算を行うにあたり利用した具体的な数値モデルを見ていきます。パターンが多いのでまず自分が青色事業専従者「なし」か「あり」かを確認し、次に従業員数を確認して該当するパターンをご覧になってください。青色事業専従者「あり」は101頁からです。

①　青色事業専従者「なし」の場合

　青色事業専従者「なし」の場合は、独身の方が事業をしている場合をBefore 1、青色事業専従者になっていない配偶者がいる場合をBefore 2としています。

　いずれの場合であっても事業主の所得は変わりませんので、Before欄は1つになります。ただし夫婦であれば国民健康保険は「人数割り」が2人分、また国民年金も2人分が必要になるので、社会保険についてはBefore 1とBefore 2で差が出てきます。税金については配偶者控除がとれるので税金も差が出てきます。ですから棒グラフはBefore 1とAfter 1、Before 2とAfter 2とそれぞれで比較しています。

83

1．従業員「0人」×（真の収益力400万円、700万円、1,000万円、1,500万円）
・青色事業専従者「なし」：従業員「0人」×（真の収益力400万円）

　真の収益力が400万円で、青色事業専従者がいなければ、そのすべてが事業主の所得となります。ただし青色申告特別控除があるため、所得計算上は65万円を控除した335万円となります。

　法人成り後は、配偶者と所得を分け合うことになりますが、400万円をすべて分け合うことはできません。これは法人成りしたことにより、社会保険の強制適用事業所となるために、個人事業ではなかった社会保険料の会社負担が発生するからです。下記のケースでは可処分所得は400万円から370万円（＝190万円＋180万円）に減少します。

	Before		After 1	After 2
事業主所得	335万円	役員報酬	345万円	190万円
青色事業専従者給与	―	役員報酬	―	（非常勤）180万円
青色申告特別控除	65万円	法人負担社会保険料	48万円	27万円
		法人所得	7万円	3万円
合計	400万円	合計	400万円	400万円

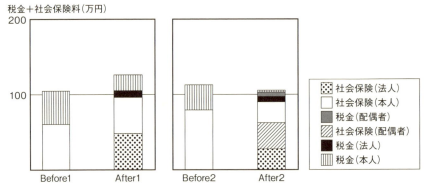

※　Before 2、After 2は配偶者（青色事業専従者になっていない）がいる場合

第2章　法人成りが果たしてキャッシュを守るのか

		Before 1	After 1	Before 2	After 2
	税金（本人）	44万円	21万円	33万円	2万円
	税金（配偶者）	0万円	0万円	0万円	5万円
	税金（法人）	0万円	9万円	0万円	8万円
	税金　合計	44万円	30万円	33万円	15万円
	社会保険（本人）	61万円	48万円	80万円	27万円
	社会保険（配偶者）	0万円	0万円	0万円	35万円
	社会保険（法人）	0万円	48万円	0万円	27万円
	社会保険　合計	61万円	96万円	80万円	90万円
税金＋社会保険　合計		104万円	125万円	113万円	105万円

（注）金額数値は端数処理をしています。

　なお、各ケースにおいて使用していることばの説明は下記のとおりとなります。

> 「税金（本人）」は、本人の所得税・住民税・事業税の合計です。
> 「税金（配偶者）」は、配偶者の所得税・住民税の合計です。
> 「税金（法人）」は、法人の法人税・住民税・事業税の合計です。
> 「社会保険（本人）」は、本人の社会保険料であって、国民年金＋国民健康保険、あるいは厚生年金＋健康保険となっています。
> 「社会保険（配偶者）」は、上記と同様です。
> 「社会保険（法人）」は、法人が負担する本人・配偶者・従業員の社会保険料の合計です。

- 青色事業専従者「なし」：従業員「0人」×（真の収益力700万円）

	Before		After 1	After 2
事業主所得	635万円	役員報酬	610万円	400万円
青色事業専従者給与	—	役員報酬	—	（非常勤）240万円
青色申告特別控除	65万円	法人負担社会保険料	85万円	58万円
		法人所得		5万円	2万円
合計	700万円	合計	700万円	700万円

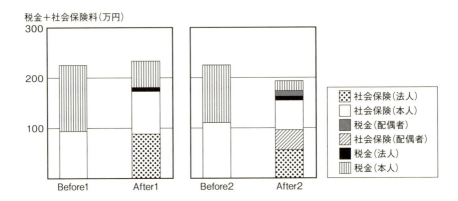

	Before 1	After 1	Before 2	After 2
税金（本人）	131万円	53万円	113万円	20万円
税金（配偶者）	0万円	0万円	0万円	11万円
税金（法人）	0万円	8万円	0万円	7万円
税金 合計	131万円	61万円	113万円	38万円
社会保険（本人）	93万円	85万円	112万円	58万円
社会保険（配偶者）	0万円	0万円	0万円	40万円
社会保険（法人）	0万円	85万円	0万円	58万円
社会保険 合計	93万円	171万円	112万円	156万円
税金＋社会保険 合計	223万円	232万円	226万円	194万円

第2章 法人成りが果たしてキャッシュを守るのか

- 青色事業専従者「なし」：従業員「0人」×（真の収益力 1,000 万円）

	Before		After 1	After 2
事業主所得	935 万円	役員報酬	880 万円	550 万円
青色事業専従者給与	—	役員報酬	—	（非常勤）360 万円
青色申告特別控除	65 万円	法人負担社会保険料	114 万円	80 万円
		法人所得	6 万円	10 万円
合計	1,000 万円	合計	1,000 万円	1,000 万円

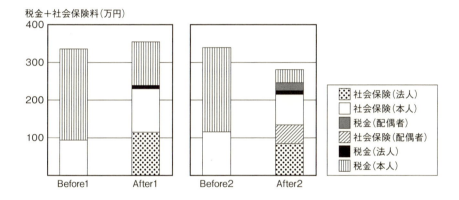

		Before 1	After 1	Before 2	After 2
	税金（本人）	240 万円	115 万円	221 万円	34 万円
	税金（配偶者）	0 万円	0 万円	0 万円	22 万円
	税金（法人）	0 万円	8 万円	0 万円	9 万円
	税金　合計	240 万円	123 万円	221 万円	66 万円
	社会保険（本人）	93 万円	114 万円	112 万円	80 万円
	社会保険（配偶者）	0 万円	0 万円	0 万円	49 万円
	社会保険（法人）	0 万円	114 万円	0 万円	80 万円
	社会保険　合計	93 万円	228 万円	112 万円	210 万円
	税金＋社会保険　合計	333 万円	351 万円	334 万円	276 万円

- 青色事業専従者「なし」：従業員「0人」×（真の収益力 1,500 万円）

	Before		After 1	After 2
事業主所得	1,435 万円	役員報酬	1,360 万円	900 万円
青色事業専従者給与	—	役員報酬	—	（非常勤）480 万円
青色申告特別控除	65 万円	法人負担社会保険料	138 万円	114 万円
		法人所得	2 万円	6 万円
合計	1,500 万円	合計	1,500 万円	1,500 万円

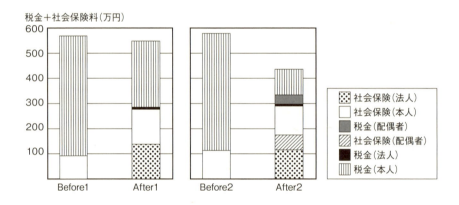

	Before 1	After 1	Before 2	After 2
税金（本人）	474 万円	264 万円	465 万円	102 万円
税金（配偶者）	0 万円	0 万円	0 万円	37 万円
税金（法人）	0 万円	7 万円	0 万円	8 万円
税金　合計	474 万円	272 万円	465 万円	148 万円
社会保険（本人）	93 万円	138 万円	112 万円	114 万円
社会保険（配偶者）	0 万円	0 万円	0 万円	60 万円
社会保険（法人）	0 万円	138 万円	0 万円	114 万円
社会保険　合計	93 万円	276 万円	112 万円	288 万円
税金＋社会保険　合計	566 万円	548 万円	578 万円	435 万円

2．従業員「1人」×（真の収益力 400 万円、700 万円、1,000 万円、1,500 万円）

・青色事業専従者「なし」：従業員「1人」×（真の収益力 400 万円）

	Before		After 1	After 2
事業主所得	335 万円	役員報酬	310 万円	150 万円
青色事業専従者給与	—	役員報酬	—	（非常勤）180 万円
青色申告特別控除	65 万円	法人負担社会保険料	89 万円	66 万円
		法人所得	1 万円	4 万円
合計	400 万円	合計	400 万円	400 万円

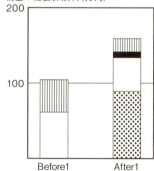
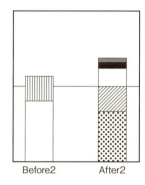
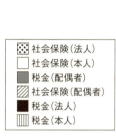

	Before 1	After 1	Before 2	After 2
税金（本人）	44 万円	18 万円	33 万円	0 万円
税金（配偶者）	0 万円	0 万円	0 万円	5 万円
税金（法人）	0 万円	7 万円	0 万円	8 万円
税金　合計	44 万円	25 万円	33 万円	13 万円
社会保険（本人）	61 万円	44 万円	80 万円	22 万円
社会保険（配偶者）	0 万円	0 万円	0 万円	35 万円
社会保険（法人）	0 万円	89 万円	0 万円	66 万円
社会保険　合計	61 万円	133 万円	80 万円	123 万円
税金＋社会保険　合計	104 万円	158 万円	113 万円	136 万円

- 青色事業専従者「なし」：従業員「1人」×（真の収益力700万円）

	Before		After 1	After 2
事業主所得	635万円	役員報酬	570万円	360万円
青色事業専従者給与	—	役員報酬	—	（非常勤）240万円
青色申告特別控除	65万円	法人負担社会保険料	125万円	96万円
	0万円	法人所得	5万円	4万円
合計	700万円	合計	700万円	700万円

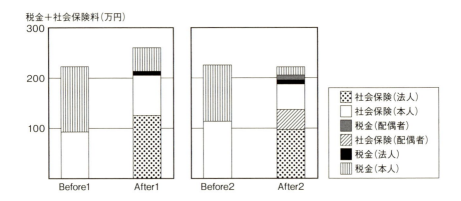

	Before 1	After 1	Before 2	After 2
税金（本人）	131万円	48万円	113万円	16万円
税金（配偶者）	0万円	0万円	0万円	11万円
税金（法人）	0万円	8万円	0万円	8万円
税金　合計	131万円	56万円	113万円	35万円
社会保険（本人）	93万円	80万円	112万円	51万円
社会保険（配偶者）	0万円	0万円	0万円	40万円
社会保険（法人）	0万円	125万円	0万円	96万円
社会保険　合計	93万円	205万円	112万円	187万円
税金＋社会保険　合計	223万円	261万円	226万円	222万円

第2章　法人成りが果たしてキャッシュを守るのか

- 青色事業専従者「なし」：従業員「1人」×（真の収益力1,000万円）

	Before		After 1	After 2
事業主所得	935万円	役員報酬	840万円	520万円
青色事業専従者給与	―	役員報酬	―	（非常勤）360万円
青色申告特別控除	65万円	法人負担社会保険料	156万円	120万円
	0万円	法人所得	4万円	0万円
合計	1,000万円	合計	1,000万円	1,000万円

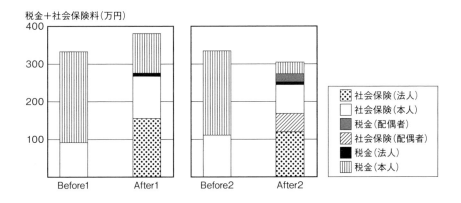

	Before 1	After 1	Before 2	After 2
税金（本人）	240万円	105万円	221万円	31万円
税金（配偶者）	0万円	0万円	0万円	22万円
税金（法人）	0万円	8万円	0万円	7万円
税金　合計	240万円	112万円	221万円	60万円
社会保険（本人）	93万円	111万円	112万円	75万円
社会保険（配偶者）	0万円	0万円	0万円	49万円
社会保険（法人）	0万円	156万円	0万円	120万円
社会保険　合計	93万円	267万円	112万円	244万円
税金＋社会保険　合計	333万円	380万円	334万円	304万円

- 青色事業専従者「なし」：従業員「1人」×（真の収益力1,500万円）

	Before		After 1	After 2
事業主所得	1,435万円	役員報酬	1,320万円	860万円
青色事業専従者給与	—	役員報酬	—	（非常勤）480万円
青色申告特別控除	65万円	法人負担社会保険料	179万円	156万円
		法人所得	1万円	4万円
合計	1,500万円	合計	1,500万円	1,500万円

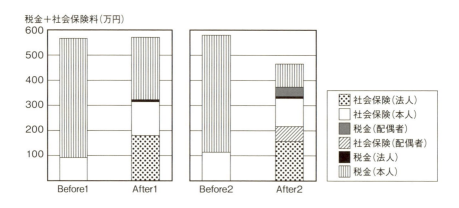

	Before 1	After 1	Before 2	After 2
税金（本人）	474万円	249万円	465万円	92万円
税金（配偶者）	0万円	0万円	0万円	37万円
税金（法人）	0万円	7万円	0万円	8万円
税金　合計	474万円	256万円	465万円	137万円
社会保険（本人）	93万円	135万円	112万円	111万円
社会保険（配偶者）	0万円	0万円	0万円	60万円
社会保険（法人）	0万円	179万円	0万円	156万円
社会保険　合計	93万円	314万円	112万円	327万円
税金＋社会保険　合計	566万円	569万円	578万円	464万円

第2章 法人成りが果たしてキャッシュを守るのか

3．従業員「2人」×（真の収益力 400万円、700万円、1,000万円、1,500万円）

・青色事業専従者「なし」：従業員「2人」×（真の収益力 400万円）

	Before		After 1	After 2
事業主所得	335万円	役員報酬	273万円	110万円
青色事業専従者給与	－	役員報酬	－	（非常勤）180万円
青色申告特別控除	65万円	法人負担社会保険料	126万円	104万円
		法人所得	0万円	6万円
合計	400万円	合計	400万円	400万円

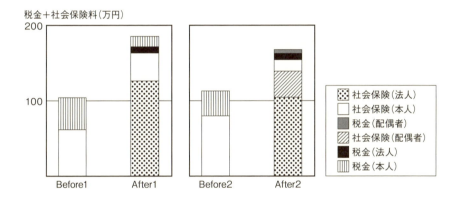

	Before 1	After 1	Before 2	After 2
税金（本人）	44万円	15万円	33万円	0万円
税金（配偶者）	0万円	0万円	0万円	5万円
税金（法人）	0万円	7万円	0万円	8万円
税金　合計	44万円	22万円	33万円	14万円
社会保険（本人）	61万円	38万円	80万円	15万円
社会保険（配偶者）	0万円	0万円	0万円	35万円
社会保険（法人）	0万円	126万円	0万円	104万円
社会保険　合計	61万円	164万円	80万円	154万円
税金＋社会保険　合計	104万円	186万円	113万円	168万円

- 青色事業専従者「なし」：従業員「2 人」×（真の収益力 700 万円）

	Before		After 1	After 2
事業主所得	635 万円	役員報酬	530 万円	320 万円
青色事業専従者給与	—	役員報酬	—	（非常勤）240 万円
青色申告特別控除	65 万円	法人負担社会保険料	164 万円	133 万円
		法人所得	6 万円	7 万円
合計	700 万円	合計	700 万円	700 万円

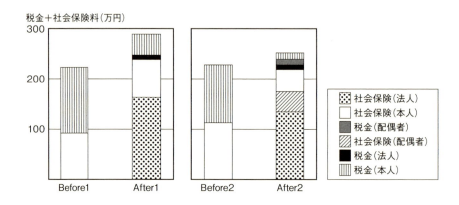

	Before 1	After 1	Before 2	After 2
税金（本人）	131 万円	42 万円	113 万円	13 万円
税金（配偶者）	0 万円	0 万円	0 万円	11 万円
税金（法人）	0 万円	8 万円	0 万円	8 万円
税金　合計	131 万円	50 万円	113 万円	32 万円
社会保険（本人）	93 万円	75 万円	112 万円	44 万円
社会保険（配偶者）	0 万円	0 万円	0 万円	40 万円
社会保険（法人）	0 万円	164 万円	0 万円	133 万円
社会保険　合計	93 万円	239 万円	112 万円	218 万円
税金＋社会保険　合計	223 万円	290 万円	226 万円	250 万円

第2章　法人成りが果たしてキャッシュを守るのか

・青色事業専従者「なし」：従業員「2人」×（真の収益力1,000万円）

	Before		After 1	After 2
事業主所得	935万円	役員報酬	800万円	480万円
青色事業専従者給与	ー	役員報酬	ー	(非常勤) 360万円
青色申告特別控除	65万円	法人負担社会保険料	198万円	159万円
		法人所得	2万円	1万円
合計	1,000万円	合計	1,000万円	1,000万円

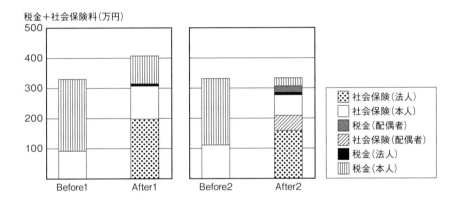

	Before 1	After 1	Before 2	After 2
税金（本人）	240万円	94万円	221万円	26万円
税金（配偶者）	0万円	0万円	0万円	22万円
税金（法人）	0万円	7万円	0万円	7万円
税金　合計	240万円	102万円	221万円	56万円
社会保険（本人）	93万円	110万円	112万円	70万円
社会保険（配偶者）	0万円	0万円	0万円	49万円
社会保険（法人）	0万円	198万円	0万円	159万円
社会保険　合計	93万円	308万円	112万円	278万円
税金＋社会保険　合計	333万円	409万円	334万円	334万円

• 青色事業専従者「なし」：従業員「2人」×（真の収益力 1,500 万円）

	Before		After 1	After 2
事業主所得	1,435 万円	役員報酬	1,270 万円	820 万円
青色事業専従者給与	－	役員報酬	－	（非常勤）480 万円
青色申告特別控除	65 万円	法人負担社会保険料	223 万円	198 万円
		法人所得	7 万円	2 万円
合計	1,500 万円	合計	1,500 万円	1,500 万円

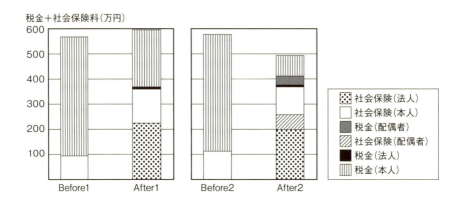

	Before 1	After 1	Before 2	After 2
税金（本人）	474 万円	229 万円	465 万円	81 万円
税金（配偶者）	0 万円	0 万円	0 万円	37 万円
税金（法人）	0 万円	8 万円	0 万円	7 万円
税金　合計	474 万円	237 万円	465 万円	126 万円
社会保険（本人）	93 万円	135 万円	112 万円	110 万円
社会保険（配偶者）	0 万円	0 万円	0 万円	60 万円
社会保険（法人）	0 万円	223 万円	0 万円	198 万円
社会保険　合計	93 万円	358 万円	112 万円	368 万円
税金＋社会保険　合計	566 万円	595 万円	578 万円	494 万円

4．従業員「3人」×（真の収益力 400 万円、700 万円、1,000 万円、1,500 万円）

・青色事業専従者「なし」：従業員「3人」×（真の収益力 400 万円）

	Before		After 1	After 2
事業主所得	335 万円	役員報酬	230 万円	70 万円
青色事業専従者給与	－	役員報酬	－	（非常勤）180 万円
青色申告特別控除	65 万円	法人負担社会保険料	166 万円	146 万円
		法人所得	4 万円	4 万円
合計	400 万円	合計	400 万円	400 万円

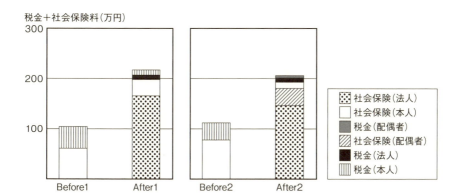

	Before 1	After 1	Before 2	After 2
税金（本人）	44 万円	11 万円	33 万円	0 万円
税金（配偶者）	0 万円	0 万円	0 万円	5 万円
税金（法人）	0 万円	8 万円	0 万円	8 万円
税金　合計	44 万円	19 万円	33 万円	13 万円
社会保険（本人）	61 万円	32 万円	80 万円	13 万円
社会保険（配偶者）	0 万円	0 万円	0 万円	35 万円
社会保険（法人）	0 万円	166 万円	0 万円	146 万円
社会保険　合計	61 万円	198 万円	80 万円	195 万円
税金＋社会保険　合計	104 万円	217 万円	113 万円	208 万円

- 青色事業専従者「なし」：従業員「3人」×（真の収益力700万円）

	Before			After 1	After 2
事業主所得	635万円	役員報酬		490万円	280万円
青色事業専従者給与	—	役員報酬		—	（非常勤）240万円
青色申告特別控除	65万円	法人負担社会保険料		203万円	174万円
		法人所得		7万円	6万円
合計	700万円	合計		700万円	700万円

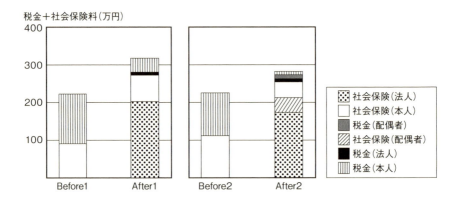

	Before 1	After 1	Before 2	After 2
税金（本人）	131万円	37万円	113万円	9万円
税金（配偶者）	0万円	0万円	0万円	11万円
税金（法人）	0万円	8万円	0万円	8万円
税金　合計	131万円	45万円	113万円	29万円
社会保険（本人）	93万円	70万円	112万円	41万円
社会保険（配偶者）	0万円	0万円	0万円	40万円
社会保険（法人）	0万円	203万円	0万円	174万円
社会保険　合計	93万円	273万円	112万円	255万円
税金＋社会保険　合計	223万円	319万円	226万円	284万円

第2章　法人成りが果たしてキャッシュを守るのか

・青色事業専従者「なし」：従業員「3人」×（真の収益力1,000万円）

	Before		After 1	After 2
事業主所得	935万円	役員報酬	760万円	440万円
青色事業専従者給与	—	役員報酬	—	(非常勤) 360万円
青色申告特別控除	65万円	法人負担社会保険料	239万円	195万円
		法人所得	1万円	5万円
合計	1,000万円	合計	1,000万円	1,000万円

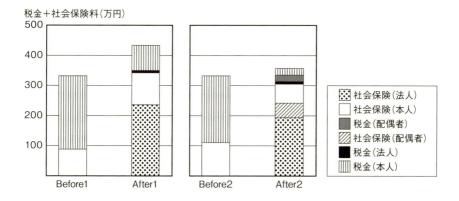

	Before 1	After 1	Before 2	After 2
税金（本人）	240万円	84万円	221万円	23万円
税金（配偶者）	0万円	0万円	0万円	22万円
税金（法人）	0万円	7万円	0万円	8万円
税金　合計	240万円	92万円	221万円	53万円
社会保険（本人）	93万円	106万円	112万円	61万円
社会保険（配偶者）	0万円	0万円	0万円	49万円
社会保険（法人）	0万円	239万円	0万円	195万円
社会保険　合計	93万円	345万円	112万円	306万円
税金＋社会保険　合計	333万円	437万円	334万円	359万円

- 青色事業専従者「なし」：従業員「3人」×（真の収益力 1,500 万円）

	Before		After 1	After 2
事業主所得	1,435 万円	役員報酬	1,230 万円	770 万円
青色事業専従者給与	—	役員報酬	—	（非常勤）480 万円
青色申告特別控除	65 万円	法人負担社会保険料	264 万円	241 万円
		法人所得	6 万円	9 万円
合計	1,500 万円	合計	1,500 万円	1,500 万円

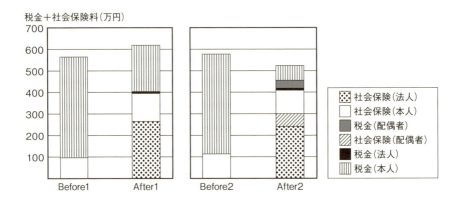

	Before 1	After 1	Before 2	After 2
税金（本人）	474 万円	217 万円	465 万円	68 万円
税金（配偶者）	0 万円	0 万円	0 万円	37 万円
税金（法人）	0 万円	8 万円	0 万円	9 万円
税金　合計	474 万円	225 万円	465 万円	114 万円
社会保険（本人）	93 万円	131 万円	112 万円	108 万円
社会保険（配偶者）	0 万円	0 万円	0 万円	60 万円
社会保険（法人）	0 万円	264 万円	0 万円	241 万円
社会保険　合計	93 万円	395 万円	112 万円	409 万円
税金＋社会保険　合計	566 万円	620 万円	578 万円	523 万円

② 青色事業専従者「あり」の場合

1．従業員「0人」×（真の収益力 400 万円、700 万円、1,000 万円、1,500 万円）

・青色事業専従者「あり」：従業員「0人」×（真の収益力 400 万円）

	Before		After 1	After 2	After 3
事業主所得	155 万円	役員報酬	170 万円	190 万円	230 万円
青色事業専従者給与	180 万円	役員報酬	（常勤）180 万円	（非常勤）180 万円	（非常勤）130 万円
青色申告特別控除	65 万円	法人負担社会保険料	50 万円	27 万円	32 万円
		法人所得	0 万円	3 万円	8 万円
合計	400 万円	合計	400 万円	400 万円	400 万円

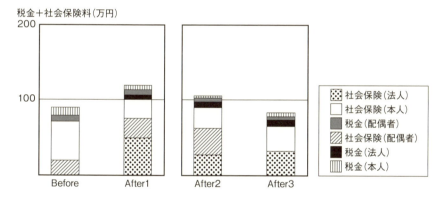

	Before	After 1	After 2	After 3
税金（本人）	10 万円	6 万円	2 万円	6 万円
税金（配偶者）	8 万円	7 万円	5 万円	4 万円
税金（法人）	0 万円	7 万円	8 万円	9 万円
税金　合計	18 万円	20 万円	15 万円	19 万円
社会保険（本人）	52 万円	24 万円	27 万円	32 万円
社会保険（配偶者）	20 万円	26 万円	35 万円	0 万円
社会保険（法人）	0 万円	50 万円	27 万円	32 万円
社会保険　合計	71 万円	100 万円	90 万円	65 万円
税金＋社会保険　合計	89 万円	120 万円	105 万円	84 万円

- 青色事業専従者「あり」：従業員「0人」×（真の収益力 700 万円）

	Before		After 1	After 2	After 3
事業主所得	395 万円	役員報酬	370 万円	400 万円	500 万円
青色事業専従者給与	240 万円	役員報酬	（常勤）240 万円	（非常勤）240 万円	（非常勤）130 万円
青色申告特別控除	65 万円	法人負担社会保険料	85 万円	58 万円	70 万円
		法人所得	5 万円	2 万円	0 万円
合計	700 万円	合計	700 万円	700 万円	700 万円

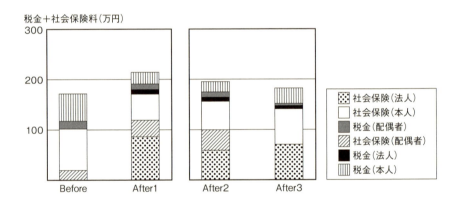

	Before	After 1	After 2	After 3
税金（本人）	54 万円	23 万円	20 万円	31 万円
税金（配偶者）	14 万円	12 万円	11 万円	4 万円
税金（法人）	0 万円	8 万円	7 万円	7 万円
税金　合計	68 万円	43 万円	38 万円	43 万円
社会保険（本人）	83 万円	51 万円	58 万円	70 万円
社会保険（配偶者）	20 万円	34 万円	40 万円	0 万円
社会保険（法人）	0 万円	85 万円	58 万円	70 万円
社会保険　合計	103 万円	171 万円	156 万円	140 万円
税金＋社会保険　合計	171 万円	214 万円	194 万円	183 万円

第2章　法人成りが果たしてキャッシュを守るのか

• 青色事業専従者「あり」：従業員「0人」×（真の収益力1,000万円）

	Before		After 1	After 2	After 3
事業主所得	575万円	役員報酬	510万円	550万円	760万円
青色事業専従者給与	360万円	役員報酬	（常勤）360万円	（非常勤）360万円	（非常勤）130万円
青色申告特別控除	65万円	法人負担社会保険料	126万円	80万円	106万円
		法人所得	4万円	10万円	4万円
合計	1,000万円	合計	1,000万円	1,000万円	1,000万円

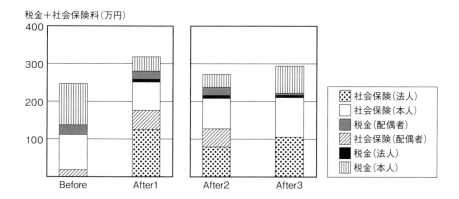

	Before	After 1	After 2	After 3
税金（本人）	109万円	39万円	34万円	73万円
税金（配偶者）	27万円	22万円	22万円	4万円
税金（法人）	0万円	7万円	7万円	7万円
税金　合計	136万円	68万円	64万円	85万円
社会保険（本人）	93万円	75万円	80万円	106万円
社会保険（配偶者）	20万円	51万円	49万円	0万円
社会保険（法人）	0万円	126万円	80万円	106万円
社会保険　合計	112万円	253万円	210万円	212万円
税金＋社会保険　合計	248万円	321万円	274万円	296万円

- 青色事業専従者「あり」：従業員「0人」×（真の収益力1,500万円）

	Before		After 1	After 2	After 3
事業主所得	955万円	役員報酬	835万円	900万円	1,230万円
青色事業専従者給与	480万円	役員報酬	（常勤）480万円	（非常勤）480万円	（非常勤）130万円
青色申告特別控除	65万円	法人負担社会保険料	181万円	114万円	131万円
		法人所得	4万円	6万円	9万円
合計	1,500万円	合計	1,500万円	1,500万円	1,500万円

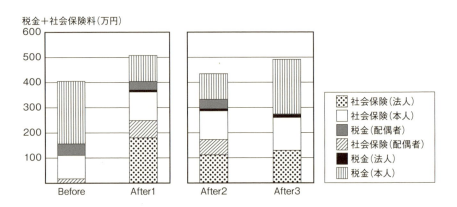

	Before	After 1	After 2	After 3
税金（本人）	248万円	103万円	102万円	217万円
税金（配偶者）	45万円	35万円	37万円	4万円
税金（法人）	0万円	8万円	8万円	9万円
税金 合計	293万円	146万円	148万円	230万円
社会保険（本人）	93万円	111万円	114万円	131万円
社会保険（配偶者）	20万円	70万円	60万円	0万円
社会保険（法人）	0万円	181万円	114万円	131万円
社会保険 合計	112万円	363万円	288万円	262万円
税金＋社会保険 合計	405万円	509万円	435万円	492万円

2．従業員「1人」×（真の収益力 400 万円、700 万円、1,000 万円、1,500 万円）

・青色事業専従者「あり」：従業員「1人」×（真の収益力 400 万円）

	Before		After 1	After 2	After 3
事業主所得	155 万円	役員報酬	130 万円	150 万円	190 万円
青色事業専従者給与	180 万円	役員報酬	（常勤）180 万円	（非常勤）180 万円	（非常勤）130 万円
青色申告特別控除	65 万円	法人負担社会保険料	89 万円	66 万円	72 万円
		法人所得	1 万円	4 万円	8 万円
合計	400 万円	合計	400 万円	400 万円	400 万円

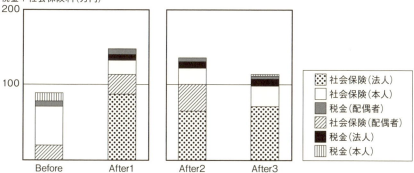

	Before	After 1	After 2	After 3
税金（本人）	10 万円	1 万円	0 万円	2 万円
税金（配偶者）	8 万円	7 万円	5 万円	4 万円
税金（法人）	0 万円	7 万円	8 万円	9 万円
税金　合計	18 万円	16 万円	13 万円	15 万円
社会保険（本人）	52 万円	19 万円	22 万円	27 万円
社会保険（配偶者）	20 万円	26 万円	35 万円	0 万円
社会保険（法人）	0 万円	89 万円	66 万円	72 万円
社会保険　合計	71 万円	133 万円	123 万円	99 万円
税金＋社会保険　合計	89 万円	149 万円	136 万円	114 万円

- 青色事業専従者「あり」：従業員「1人」×（真の収益力700万円）

	Before		After 1	After 2	After 3
事業主所得	395万円	役員報酬	330万円	360万円	460万円
青色事業専従者給与	240万円	役員報酬	（常勤）240万円	（非常勤）240万円	（非常勤）130万円
青色申告特別控除	65万円	法人負担社会保険料	126万円	96万円	109万円
		法人所得	4万円	4万円	1万円
合計	700万円	合計	700万円	700万円	700万円

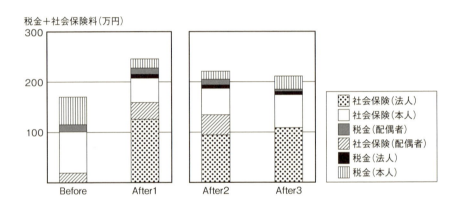

	Before	After 1	After 2	After 3
税金（本人）	54万円	19万円	16万円	27万円
税金（配偶者）	14万円	12万円	11万円	4万円
税金（法人）	0万円	8万円	8万円	7万円
税金　合計	68万円	39万円	35万円	38万円
社会保険（本人）	83万円	48万円	51万円	65万円
社会保険（配偶者）	20万円	34万円	40万円	0万円
社会保険（法人）	0万円	126万円	96万円	109万円
社会保険　合計	103万円	208万円	187万円	174万円
税金＋社会保険　合計	171万円	248万円	222万円	212万円

- 青色事業専従者「あり」：従業員「1人」×（真の収益力1,000万円）

	Before		After 1	After 2	After 3
事業主所得	575万円	役員報酬	470万円	520万円	720万円
青色事業専従者給与	360万円	役員報酬	（常勤）360万円	（非常勤）360万円	（非常勤）130万円
青色申告特別控除	65万円	法人負担社会保険料	161万円	120万円	145万円
		法人所得	9万円	0万円	5万円
合計	1,000万円	合計	1,000万円	1,000万円	1,000万円

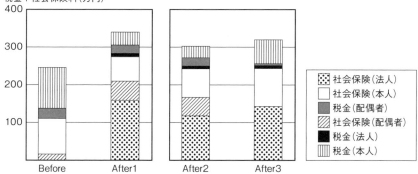

	Before	After 1	After 2	After 3
税金（本人）	109万円	35万円	31万円	64万円
税金（配偶者）	27万円	22万円	22万円	4万円
税金（法人）	0万円	9万円	7万円	8万円
税金　合計	136万円	66万円	60万円	76万円
社会保険（本人）	93万円	65万円	75万円	101万円
社会保険（配偶者）	20万円	51万円	49万円	0万円
社会保険（法人）	0万円	161万円	120万円	145万円
社会保険　合計	112万円	277万円	244万円	246万円
税金＋社会保険　合計	248万円	342万円	304万円	322万円

- 青色事業専従者「あり」：従業員「1人」×（真の収益力 1,500 万円）

	Before		After 1	After 2	After 3
事業主所得	955 万円	役員報酬	790 万円	860 万円	1,190 万円
青色事業専従者給与	480 万円	役員報酬	（常勤）480 万円	（非常勤）480 万円	（非常勤）130 万円
青色申告特別控除	65 万円	法人負担社会保険料	222 万円	156 万円	172 万円
		法人所得	8 万円	4 万円	8 万円
合計	1,500 万円	合計	1,500 万円	1,500 万円	1,500 万円

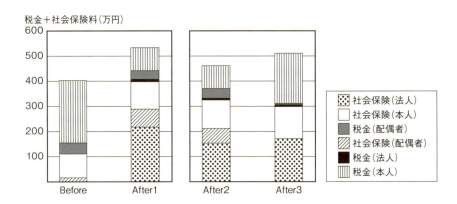

	Before	After 1	After 2	After 3
税金（本人）	248 万円	92 万円	92 万円	200 万円
税金（配偶者）	45 万円	35 万円	37 万円	4 万円
税金（法人）	0 万円	9 万円	8 万円	9 万円
税金　合計	293 万円	136 万円	137 万円	213 万円
社会保険（本人）	93 万円	108 万円	111 万円	128 万円
社会保険（配偶者）	20 万円	70 万円	60 万円	0 万円
社会保険（法人）	0 万円	222 万円	156 万円	172 万円
社会保険　合計	112 万円	400 万円	327 万円	300 万円
税金＋社会保険　合計	405 万円	536 万円	464 万円	514 万円

3．従業員「2人」×（真の収益力 400 万円、700 万円、1,000 万円、1,500 万円）

・青色事業専従者「あり」：従業員「2人」×（真の収益力 400 万円）

	Before		After 1	After 2	After 3
事業主所得	155 万円	役員報酬	90 万円	110 万円	155 万円
青色事業専従者給与	180 万円	役員報酬	（常勤）180 万円	（非常勤）180 万円	（非常勤）130 万円
青色申告特別控除	65 万円	法人負担社会保険料	129 万円	104 万円	110 万円
		法人所得	1 万円	6 万円	5 万円
合計	400 万円	合計	400 万円	400 万円	400 万円

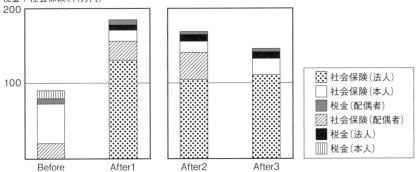

	Before	After 1	After 2	After 3
税金（本人）	10 万円	0 万円	0 万円	0 万円
税金（配偶者）	8 万円	7 万円	5 万円	4 万円
税金（法人）	0 万円	7 万円	8 万円	8 万円
税金　合計	18 万円	14 万円	13 万円	12 万円
社会保険（本人）	52 万円	14 万円	15 万円	22 万円
社会保険（配偶者）	20 万円	26 万円	35 万円	0 万円
社会保険（法人）	0 万円	129 万円	104 万円	110 万円
社会保険　合計	71 万円	169 万円	154 万円	132 万円
税金＋社会保険　合計	89 万円	183 万円	167 万円	144 万円

- 青色事業専従者「あり」：従業員「2人」×（真の収益力700万円）

	Before		After 1	After 2	After 3
事業主所得	395万円	役員報酬	290万円	320万円	420万円
青色事業専従者給与	240万円	役員報酬	（常勤）240万円	（非常勤）240万円	（非常勤）130万円
青色申告特別控除	65万円	法人負担社会保険料	164万円	133万円	150万円
		法人所得	6万円	7万円	0万円
合計	700万円	合計	700万円	700万円	700万円

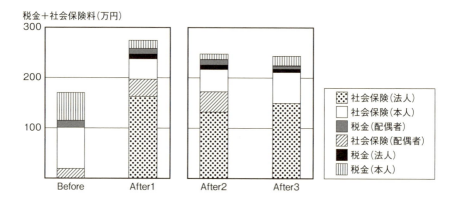

	Before	After 1	After 2	After 3
税金（本人）	54万円	16万円	13万円	22万円
税金（配偶者）	14万円	12万円	11万円	4万円
税金（法人）	0万円	8万円	8万円	7万円
税金　合計	68万円	37万円	32万円	34万円
社会保険（本人）	83万円	41万円	44万円	61万円
社会保険（配偶者）	20万円	34万円	40万円	0万円
社会保険（法人）	0万円	164万円	133万円	150万円
社会保険　合計	103万円	239万円	218万円	212万円
税金＋社会保険　合計	171万円	276万円	250万円	245万円

第2章　法人成りが果たしてキャッシュを守るのか

・青色事業専従者「あり」：従業員「2人」×（真の収益力1,000万円）

	Before		After 1	After 2	After 3
事業主所得	575万円	役員報酬	430万円	480万円	680万円
青色事業専従者給与	360万円	役員報酬	（常勤）360万円	（非常勤）360万円	（非常勤）130万円
青色申告特別控除	65万円	法人負担社会保険料	202万円	159万円	184万円
		法人所得	8万円	1万円	6万円
合計	1,000万円	合計	1,000万円	1,000万円	1,000万円

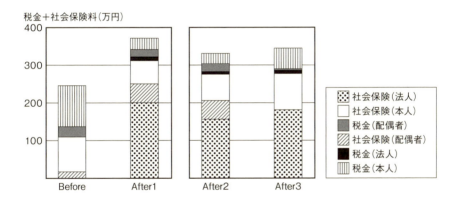

	Before	After 1	After 2	After 3
税金（本人）	109万円	29万円	26万円	56万円
税金（配偶者）	27万円	22万円	22万円	4万円
税金（法人）	0万円	9万円	7万円	8万円
税金　合計	136万円	60万円	56万円	68万円
社会保険（本人）	93万円	61万円	70万円	96万円
社会保険（配偶者）	20万円	51万円	49万円	0万円
社会保険（法人）	0万円	202万円	159万円	184万円
社会保険　合計	112万円	314万円	278万円	280万円
税金＋社会保険　合計	248万円	374万円	334万円	348万円

- 青色事業専従者「あり」：従業員「2人」×（真の収益力 1,500 万円）

	Before		After 1	After 2	After 3
事業主所得	955 万円	役員報酬	750 万円	820 万円	1,150 万円
青色事業専従者給与	480 万円	役員報酬	（常勤）480 万円	（非常勤）480 万円	（非常勤）130 万円
青色申告特別控除	65 万円	法人負担社会保険料	265 万円	198 万円	217 万円
		法人所得	5 万円	2 万円	3 万円
合計	1,500 万円	合計	1,500 万円	1,500 万円	1,500 万円

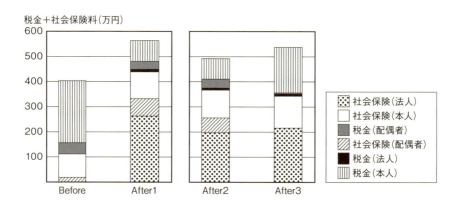

	Before	After 1	After 2	After 3
税金（本人）	248 万円	82 万円	81 万円	183 万円
税金（配偶者）	45 万円	35 万円	37 万円	4 万円
税金（法人）	0 万円	8 万円	7 万円	8 万円
税金　合計	293 万円	125 万円	126 万円	195 万円
社会保険（本人）	93 万円	106 万円	110 万円	128 万円
社会保険（配偶者）	20 万円	70 万円	60 万円	0 万円
社会保険（法人）	0 万円	265 万円	198 万円	217 万円
社会保険　合計	112 万円	441 万円	368 万円	345 万円
税金＋社会保険　合計	405 万円	566 万円	494 万円	539 万円

第2章 法人成りが果たしてキャッシュを守るのか

4．従業員「3人」×（真の収益力 400 万円、700 万円、1,000 万円、1,500 万円）

・青色事業専従者「あり」：従業員「3人」×（真の収益力 400 万円）

	Before		After 1	After 2	After 3
事業主所得	155 万円	役員報酬	45 万円	70 万円	120 万円
青色事業専従者給与	180 万円	役員報酬	（常勤）180 万円	（非常勤）180 万円	（非常勤）130 万円
青色申告特別控除	65 万円	法人負担社会保険料	172 万円	146 万円	150 万円
		法人所得	3 万円	4 万円	0 万円
合計	400 万円	合計	400 万円	400 万円	400 万円

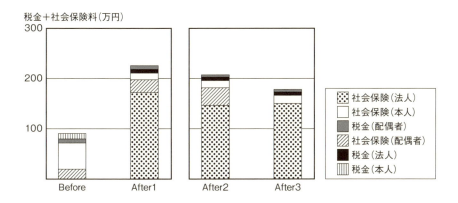

	Before	After 1	After 2	After 3
税金（本人）	10 万円	0 万円	0 万円	0 万円
税金（配偶者）	8 万円	7 万円	5 万円	4 万円
税金（法人）	0 万円	8 万円	8 万円	7 万円
税金 合計	18 万円	15 万円	12 万円	11 万円
社会保険（本人）	52 万円	13 万円	13 万円	17 万円
社会保険（配偶者）	20 万円	26 万円	35 万円	0 万円
社会保険（法人）	0 万円	172 万円	146 万円	150 万円
社会保険 合計	71 万円	211 万円	195 万円	167 万円
税金＋社会保険 合計	89 万円	225 万円	207 万円	178 万円

- 青色事業専従者「あり」：従業員「3人」× （真の収益力700万円）

	Before		After 1	After 2	After 3
事業主所得	395万円	役員報酬	250万円	280万円	380万円
青色事業専従者給与	240万円	役員報酬	（常勤）240万円	（非常勤）240万円	（非常勤）130万円
青色申告特別控除	65万円	法人負担社会保険料	202万円	174万円	188万円
		法人所得	8万円	6万円	2万円
合計	700万円	合計	700万円	700万円	700万円

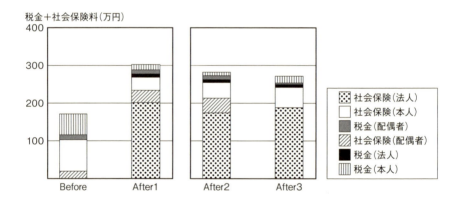

	Before	After 1	After 2	After 3
税金（本人）	54万円	13万円	9万円	19万円
税金（配偶者）	14万円	12万円	11万円	4万円
税金（法人）	0万円	7万円	7万円	7万円
税金　合計	68万円	32万円	27万円	30万円
社会保険（本人）	83万円	34万円	41万円	55万円
社会保険（配偶者）	20万円	34万円	40万円	0万円
社会保険（法人）	0万円	202万円	174万円	188万円
社会保険　合計	103万円	270万円	255万円	243万円
税金＋社会保険　合計	171万円	302万円	282万円	272万円

第2章　法人成りが果たしてキャッシュを守るのか

・青色事業専従者「あり」：従業員「3人」×（真の収益力1,000万円）

	Before		After 1	After 2	After 3
事業主所得	575万円	役員報酬	395万円	440万円	640万円
青色事業専従者給与	360万円	役員報酬	（常勤）360万円	（非常勤）360万円	（非常勤）130万円
青色申告特別控除	65万円	法人負担社会保険料	239万円	195万円	224万円
		法人所得	6万円	5万円	6万円
合計	1,000万円	合計	1,000万円	1,000万円	1,000万円

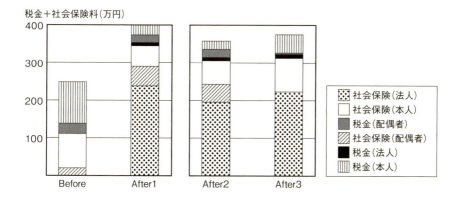

	Before	After 1	After 2	After 3
税金（本人）	109万円	25万円	23万円	50万円
税金（配偶者）	27万円	22万円	22万円	4万円
税金（法人）	0万円	8万円	8万円	8万円
税金　合計	136万円	55万円	53万円	62万円
社会保険（本人）	93万円	55万円	61万円	91万円
社会保険（配偶者）	20万円	51万円	49万円	0万円
社会保険（法人）	0万円	239万円	195万円	224万円
社会保険　合計	112万円	345万円	306万円	314万円
税金＋社会保険　合計	248万円	400万円	359万円	377万円

- 青色事業専従者「あり」：従業員「3人」×（真の収益力1,500万円）

	Before		After 1	After 2	After 3
事業主所得	955万円	役員報酬	710万円	770万円	1,110万円
青色事業専従者給与	480万円	役員報酬	（常勤）480万円	（非常勤）480万円	（非常勤）130万円
青色申告特別控除	65万円	法人負担社会保険料	304万円	241万円	258万円
		法人所得	6万円	9万円	2万円
合計	1,500万円	合計	1,500万円	1,500万円	1,500万円

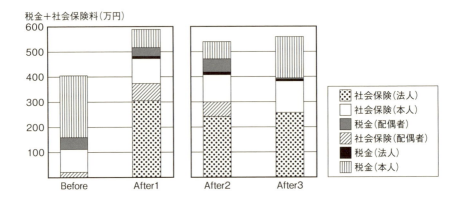

	Before	After 1	After 2	After 3
税金（本人）	248万円	72万円	68万円	167万円
税金（配偶者）	45万円	35万円	55万円	4万円
税金（法人）	0万円	8万円	9万円	7万円
税金　合計	293万円	116万円	132万円	178万円
社会保険（本人）	93万円	101万円	108万円	125万円
社会保険（配偶者）	20万円	70万円	60万円	0万円
社会保険（法人）	0万円	304万円	241万円	258万円
社会保険　合計	112万円	475万円	409万円	383万円
税金＋社会保険　合計	405万円	591万円	541万円	561万円

第2章　法人成りが果たしてキャッシュを守るのか

❺　失敗した事例で考えてみよう！

Case 1　従業員が予定外に増えた

　Aさんは、従業員2名でガラス工芸品の製作と販売を行っており、2年前に法人成りをしました。今年になってカフェを併設したところ、好評で従業員を2名雇い入れました。

　従業員数が増えると、給料だけでなく、社会保険料の会社負担も増加します。新しい事業を行い、個人事業のときと同じ感覚で従業員を雇い入れると、採算が狂ってきますので要注意です。73頁のグラフで従業員が増えるごとに折れ線グラフが下方へシフトしたことを思い出してください。

Case 2　従業員合意のもと社会保険に未加入であったが、調査により加入せざるを得なくなった

　Bさんは、従業員3名でデザインオフィスを経営しています。法人成りに伴い、社会保険加入の手続きをしました。

　従業員のうち2名はアルバイトで、ご主人の扶養に入っているため、社会保険に加入すると手取りが少なくなると申し出を受け、未加入としていました。

　先日、社会保険事務所から呼び出し調査があり、タイムカードなどを持参したところ、勤務時間が長いことなどから社会保険加入義務があるといわれました。

　社会保険の加入は、条件に合えば本人の申し出に関係なく強制加入となります。その点を勘違いして法人成りを行うと、有利不利の結果が逆転することもあります。アルバイトの方からも減った手取りを何とかしてほしいといわれる

117

かもしれません。

Case 3 外注費として扱っていたのが、給料とされた

Cさんは、内装工事請負業を営んでおり、専属の外注業者とともに現場で仕事をしています。先日税務調査を受け、業者への支払は、外注費ではなく、雇用契約に近いことから、給料として扱うように指導されました。

外注費と給料の取扱いについては難しいところがあります。120頁に解説を入れています。

Case 4 売上げが伸びて消費税免税期間が1年しか取れなかった

Dさんは、飲食店を経営しています。法人成りをすると2年間は消費税を納めなくてよいと聞き、法人成りをし、"浮いた"消費税2年分に相当する設備投資を行いました。法人2期目の申告を終えて、しばらくしてから税務署より消費税の納税義務があると連絡がありました。

特定期間という考え方が、平成25年1月1日以後に開始する事業年度から適用されています。このことを知らずに法人成りの判断をし、2年間免税事業者になると勘違いすると、消費税の申告漏れとなり、納税資金の手当に慌てることになります。

申告漏れになると、無申告加算税といってペナルティとしてケースによって5～20％の範囲で余分に税金を納める必要があります。また、利息に相当する延滞税も負担する必要があります。

Case 5 法人成りにあたり従業員に株を与えたが、経営が分裂してしまった

Eさんは、友人と自動車修理工場を運営していました。法人成りする際に、会社を運営していく自覚を持ってもらいたいと思い、その友人を取締役にするとともに株式の半分を引き受けてもらいました。

第2章　法人成りが果たしてキャッシュを守るのか

信頼関係に基づいて経営をしているから、株式は半分ずつ持つということはあります。しかし株主の権利は強く、株主総会の普通決議（総株主の議決権の過半数を有する株主が出席し、出席株主の議決権の過半数の賛成が必要）で取締役の解任もできます。意見が分かれたときには、折半で株式を持つと会社運営の身動きがとれなくなることもあります。

Case 6　配偶者が健康保険の扶養に入れなくなった

Ｆさんは、法人成りをし、奥さんは非常勤取締役に就任しました。奥さんを健康保険の扶養に入れる手続きを行っていたところ、奥さんは所得見込みが130万円以上のため扶養に入れないといわれました。

非常勤役員は会社の社会保険に加入することができません。また、所得水準によっては扶養に入ることもできません。この点を勘違いすると、想定外に奥さんは国民健康保険と国民年金に加入せざるを得なくなります。

Case 7　法律の改正があった

Ｇさんは、所得税の負担が重くなってきたと感じ、顧問の会計事務所と試算もしたうえで法人成りを行いました。ところが、法律の改正により社会保険料の負担率が大幅に引き上げられました。

将来の法律改正について正確に予測することはできません。試算したときの前提条件が変わると、法人成りにより負担が大きくなることもあります。法人から個人事業に戻ることも可能ですが、会社をたたむイメージが強く、商売にはデメリットがありそうです。

119

■給料と外注費について

　ある支払を給料とするか外注費とするかは、勘定科目をどちらにするかだけの問題ではありません。経営者が外注費にしたいと思い、外注費の勘定科目を使っても、税務調査で給料と判断されると、過去に遡って源泉徴収を要求されますし、また、消費税についても修正を求められます。

　しかし、外注費と給料でどう違うのか、その判断指針がなければ困ってしまいます。はっきりと区別できるのであればよいのですが、実務ではさまざまな形で取引が行われるため、法律の規定にぴったりあてはまらない場合があります。

　給料は、雇用契約に基づき、労働者が事業主から受ける報酬ですが、税法上の給与所得は、これだけでなく、雇用契約に近い人的役務提供に基づく報酬もその範囲としています。税務は形式だけでなく、実質も見ての判断ですから、雇用契約がなくとも給与と取り扱うケースがあるのです。

　判断要素は、「非独立的ないし従属的労働の対価」となります。

　もう少し具体的には、職務遂行に必要な旅費や備品等の負担を事業主が行う、事業主の指揮監督の下に役務提供を行う、完成物の引渡しがないと報酬をもらえない、などを総合的に判断することになります。

　それでも、その判断には議論の余地が残ります。裁判となった事例を1つ紹介しましょう（参考：『注解所得税法〈五訂版〉』（大蔵財務協会）425頁）。

　日本フィルハーモニー交響楽団所属のヴァイオリニストが、その収入を事業所得としていたところ、税務署より給与所得とされました。それぞれが論拠を主張しましたが、裁判所の判決は給与所得でした。

　それぞれの主張は次のとおりでした。

（ヴァイオリニストの主張）
- ヴァイオリンの演奏という役務の提供は、事業経営者が行う「事業」と同じである。

第2章　法人成りが果たしてキャッシュを守るのか

- 役務の提供内容は、精神的、独創的、あるいは特殊高度な技能が必要であり、本人にある程度の自主性が認められる。
- 音楽演奏家は、自己で使用する楽器や演奏用の衣装も自己負担で用意することが通例である。
- 技量向上のための研究も必要であり、職業費ともいうべきものが一般労働者より多くかかる。

以上から、役務の提供は、「独立的である」として事業所得である。

（税務署の主張）
- 毎月定額の基準賃金をもらっている。
- 楽団運営規定により、公演やレコード録音に伴う練習に従事することが義務づけられている。
- 出張旅費規程により旅費が支給される。
- 楽団運営規定に定める服務規程に拘束される。

以上から、ヴァイオリニストの役務提供は「従属的」であって、「事業」とは認められず、「給与所得」である。

それでは、プロ野球の選手はどうでしょう。結論をいうとプロ野球選手の所得は事業所得となります。ヴァイオリニストの主張する点では、プロ野球選手も似たようなものでしょう。

しかしプロ野球選手は、その技能や成績、人気の高低によって報酬が大きく左右され、自己の責任と計算においてサービスを提供しているといえますが、ヴァイオリニストは、このような個人的色彩がほとんどありません。また、勤務年数に応じて、給料は増額されていき、生活給的要素が大いにあります。こういった違いが、取扱いに差が出る理由となっています。

ここでいいたいことは、事実認定の難しさです。1つの事実でもって判断をすることはできず、諸要素を総合的に勘案して判断されるということです。

121

外注費を受け取った側は事業所得の確定申告をし、国民健康保険や国民年金の手続きをきちんと行っていても、それだけで外注費として扱えない場合もあるということです。

第3章

自由な形にあなたの会社を
デザイン

Point

この章では、まず「法人成りするときにどのような会
社形態があり、どのような差があるか」を確認します。
次に、「どのような点に注意して決算期や資本金を決
めるか」を確認します。決算期をいつにするかは、消
費税との関係で大きな影響があるのでしっかり確認し
ましょう。また、会社形態として選ばれることが多い
株式会社の設立手続については、合同会社の設立手続
と比較しながら重要な点について解説しています。

❶ 会社の種類

さて、法人成りを考えるには良い時期だと判断したとして、次に考えるのはどのような会社を作るかです。会社は事業を入れる器です。何種類かの器が用意されていますので、中身に合った適当な器を選ぶようにしましょう。

(1) 会社別の設立件数

まず統計データから見てみましょう。

[平成24年]

	件　数
株式会社	80,662
合同会社	10,889
一般社団法人	7,285
有限責任事業組合	448
合資会社	131
合名会社	60
合計	99,475

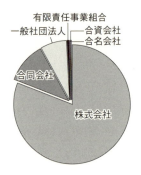

[平成29年]

	件　数
株式会社	91,379
合同会社	27,270
一般社団法人	6,442
有限責任事業組合	469
合名会社	104
合資会社	58
合計	125,722

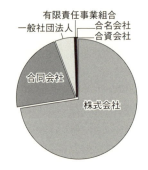

第3章　自由な形にあなたの会社をデザイン

　本書の第1版を発刊したときに入手できた平成24年データと5年後の平成29年のデータを並べましたが、株式会社の設立が圧倒的に多いことに変わりはありません。目立つのは、合同会社の設立件数が大きく伸びている点です。

　ところで有限会社はどうなったのかと思われる方もいるでしょう。以前は、商法において、「合名会社」「合資会社」「株式会社」を定め、有限会社法で「有限会社」を定めていました。それが平成18年の会社法改正により、有限会社が廃止され、新規の設立が認められなくなりました。その時点で存在した有限会社は、株式会社に商号変更するか、会社名はそのままでありながら会社法の適用を受ける「特例有限会社」になるかの選択をすることとなりました。

　今でも有限会社の名刺を見かけることがありますが、それは平成18年より以前に設立された特例有限会社なのです。

(2)　株式会社

　株式会社は世の中から広くお金を集め、それを経営のプロに任せ、儲かった利益を配当する仕組みをとっています。お金を出す＝株式を引き受けるのが投資家（株主）であり、経営のプロが取締役です。取締役が暴走しないように監査役がいて、利害関係者（債権者や株主など）が多数となる影響の大きい株式会社には会計監査人が選任されます。

　株式会社は、以前は1,000万円以上の資本金が必要であったり、設立するにあたり7名の株主が必要であったりと、入り口規制が厳しかったのですが、現在は、資本金が1円でも、株主が1名でも設立可能となっています。

　また、法律によって権利義務の帰属主体となることを認められた「法人」には、会社の意思決定や監視などをする組織が必要となります。これを「機関」といいます。代表取締役や取締役、取締役会、監査役、監査役会などがこれに該当します。機関についても、以前と比べるとかなり柔軟な設計が可能となっていて、一番シンプルなものは取締役1名と株主総会となっています。

　小規模事業であれば、通常は株式の譲渡制限を設けます。これをしないと、見ず知らずの人が株主になり、会社運営が混乱するおそれがあります。このた

め、株式の譲渡については取締役会や株主総会の承認を条件にするものです。同様に、定款で相続人への売渡請求条項も織り込むようにします。詳しくは140頁をご覧ください。

　小規模事業で株式会社を選択した場合の機関設計として現実的に考えられるのは、次の類型です。

- 株主総会＋取締役
- 株主総会＋取締役　＋監査役
- 株主総会＋取締役会＋監査役

※1　取締役、監査役は定款に定める範囲で複数名いても構いません。
※2　取締役会を設置しない会社は、株式譲渡制限を設ける必要があります。

　登記の手間と費用がかかりますが、規模が大きくなればそれに応じて機関を変更することは可能ですから、必要最小限の機関設計からスタートすればよいでしょう。

(3)　持分会社（合名会社、合資会社、合同会社）

　出資者と経営者を別にするという株式会社の基本構造は小規模で事業を行う場合にはそぐわない面もあり、有限会社という器が用意されていました。しかし先述のとおり、現在では有限会社の新設はできなくなっており、これに代わって、「合同会社」という新しい器が用意されました。よく LLC（Limited Liability Company）と略称で呼ばれています。

　合同会社のほか、頭に「合」のつく、合名会社、合資会社は「持分会社」と呼ばれます。持分会社の社員についての特徴は次のとおりです。

	合名会社	合資会社	合同会社
社員	無限責任社員	無限責任社員 （直接）有限責任社員	（間接）有限責任社員

※　法律用語で、「社員」とは、出資者のことを指します。「従業員」のことではありませんので注意してください。

126

第3章　自由な形にあなたの会社をデザイン

　合名会社はすべての社員が「無限責任社員」となり、合資会社では「無限責任社員」と「有限責任社員」の両方がいます。

　無限責任社員は、会社に何かあれば個人財産でもって会社債務を弁済する必要があります。これが合名会社と合資会社が選択されない最大の理由です。現実問題として借入金について経営者個人が連帯保証をしていれば、株式会社であっても個人財産をなげうつ場合もありますが、個人保証をした特定の債務だけが対象です。無限責任は、どのような債務であっても会社の債務すべてが対象となります。

　次に有限責任社員ですが、同じ有限責任であっても、合資会社は「直接」有限責任であり、合同会社は「間接」有限責任社員となっています。いずれも出資の額を限度にした責任という点で同じです。

　違いは、直接有限責任社員は、出資未履行分について会社債権者が直接に社員に請求できるという点です。たとえば1,000万円の出資となっていても、700万円を会社に振り込み、残り300万円は未履行となっている場合、その300万円については会社債権者が直接に社員に請求できるという点です。順序としては会社にまず請求がいきます。合同会社の場合は、出資を全額履行してから社員になるので、会社債権者に対して直接責任を負うことはありません。

⑷　有限責任事業組合

　有限責任事業組合（Limited Liability Partnership。以下「LLP」という）は、法的には法人でなく、組合となります。その大きな特徴にパススルー課税（構成員課税）があります。これは事業で利益が出ても、LLPという事業体で課税されることなく、出資者に課税が行われるものです。出資が個人で行われているのであれば所得税が、法人で行われているのであれば法人税が課税されます。

　個人と法人の課税体系の違いに着目しての法人成りですが、個人での出資であれば所得税の世界から出ないことになります。ですから法人成りを検討するにあたりLLPを利用するメリットはありません。

127

ちなみに元々はアメリカの LLC にならって、日本の LLC もパススルー課税が検討されていました。しかし結果的に、法人格があるところに法人税を課税せず、パススルー課税とすることは認められませんでした。そのために LLP という法人格のない組合契約ができたものです。

(5) 一般社団法人

社団とは一定の目的のために人が結合した団体です。従来から社団法人はありましたが、平成 20 年の公益法人改革により一般社団法人と公益社団法人に分かれました。

社団法人 ➡ { 公益社団法人（非営利性＋公益性）
　　　　　　　 一般社団法人（非営利性）

社団法人のうち、公益社団法人は非営利性と公益性が要求されますが、一般社団法人は非営利性のみ要求されます。非営利性とは、剰余金の配当が禁止されるというだけで、通常の会社と同様に営利活動を行うことは可能です。

ただし、通常の事業に利用するにしても、会社名に一般社団法人の名称が入りますので、法人成りの器としてあまり一般的ではないといえるでしょう。一方で、一般社団法人の名称があるほうが、ガツガツしていないイメージがありますので、それを目的とした使い方もあると思います。

(6) 株式会社と合同会社の比較

法人成りの際の器としては、株式会社と合同会社が最も有力な候補となります。法人税等の扱いに関しては両者に差異はありませんので、その他の点でどちらが良いかを検討することになります。

両者の主な違いを対比すると次頁の表のようになります。

第3章　自由な形にあなたの会社をデザイン

	株式会社	合同会社
資本金	1円以上	各社員1円以上
会社の機関	株主総会と取締役が絶対的必要設置機関。あとは会社の実情に応じて柔軟に選択できる。	定款自治で自由に作ることができる。
所有と経営	所有と経営は分離。取締役＝出資者（社員）である必要はない。中小企業では株主と経営者は同一のケースがほとんど。	所有と経営は一致。業務執行社員＝出資者（社員）となる。業務執行社員を別に定めることが多い。
役員の肩書き	代表取締役・取締役	代表社員・社員
監視機関	あり	出資者（社員）間の合意
利益の分配	原則株主平等	あらかじめ定款に定めることにより、出資比率と異なる分配比率OK
役員の任期	最長10年	定款で定めない限り任期なし
決算公告	必要	公告義務なし
議決権	原則出資に応じた議決権	1人1票の議決権
設立費用概算（実費のみ）	約24万円	約10万円

(7)　どの種類の会社がよいか

　会社を選択するにあたって、「合同会社」という名称に支障がなければ合同会社を選択し、支障がありそうであれば「株式会社」になります。

　たとえばレストランや美容室を経営している場合、会社名が表に出ることはあまりありません。インターネットサイトでの商売も同じで、会社名がそのままサイト名になるのは少ないのではないでしょうか。このようなケースは合同会社で問題ありません。

　しかし会社としての知名度は、まだまだ株式会社に軍配があがります。人事採用などの面では、見えない差があるかもしれません。法制度としては上記の表にあるような差がありますが、実際の運営面において、合同会社は簡単で株

129

式会社は面倒であるといった差を実感する局面はあまりないでしょう。無難に
いくなら株式会社です。

　なお、登記などの費用がかかりますが合同会社から株式会社へ、また、株式
会社から合同会社への変更は可能となっています。

❷ 決算期の決め方

　個人は暦年で決算を行うことが決められていますが、法人の場合は、決算期は任意に決めることができます。月末でなくてもよいので、あなたの誕生日でも、語呂の良い日でも構いません。決算業務が簡単にできるように、20日などの締め日に合わせる会社もあります。

　決算期は、定款変更の手続きだけで、登記の手間と費用をかけずに変更することが可能です。このため、法人成り当初は消費税の観点を最優先して決算期を決定し、次いで節税対策を取る時間や業務繁忙期を避けるといった観点で、必要に応じて決算期変更をすればよいでしょう。

　消費税の観点では、最大限に免税期間を活用することを考えます。この点については、45頁をご覧ください。

　節税対策を取る時間的余裕を考えるのであれば、利益の出る時期を期中にもってきます。

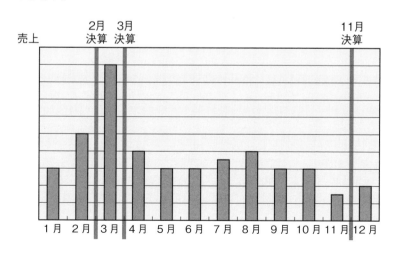

たとえば前頁の図のように３月に売上げが集中する商売をしていたとします。もし３月決算であれば、３月の売上実績と経費集計ができて、１年間の利益がはっきりとわかるのは、早くとも１週間後ですから、利益が予想以上に出たことに気づき、何らかの手を打つにもすでに決算日は通り過ぎています。

　それでは３月を頭にもってきて、２月末を決算としてみます。法人の申告期限は、原則として決算日より２か月後です。決算業務で忙しくなるのは、決算日を超えてからです。ちょうど売上げの伸びる３月と重なってしまいます。会計事務所とじっくり相談する時間も確保したいところです。

　そう考えると、この会社であれば、売上げが少なく、決算日後の決算業務と繁忙期が重ならない11月が適当です。また別の観点ですが、在庫の量が多くなるのであれば、実地棚卸のしやすい時期を選ぶという考え方もあります。流通業や小売業に２月決算が多いのはそういったことも関係しています。

132

第3章　自由な形にあなたの会社をデザイン

❸　資本金の決め方

　業法によっては最低資本金が定められている場合があるので、まずはそれを調べてください。そのような事情がない場合は、資本金の大きさで税制上不利にならないかを考えてください。

　消費税に関しては資本金が1,000万円以上になると設立時から消費税がかかります。また、住民税の均等割も資本金の大きさによって変わってきます（21頁参照）。なお、資本金が1億円を超えると交際費枠の扱いは不利になり、事業税は外形標準課税となりますが、法人成りでいきなり資本金1億円とするような会社はまずないでしょう。

　外形上はどうでしょうか。資本金はホームページ等に公表されていなくても、誰でも法務局で登記簿謄本をとれば確認ができます。銀行取引をするにしても、規模の大きな会社と取引をする場合でも、登記簿謄本は必要になります。

　そのとき、資本金が1円や100円であれば、相手はどう感じるでしょうか。私なら真面目に事業に取り組むために設立した会社ではないのかな、と勘ぐりたくなります。そう考えると少なくとも100万円以上は準備したほうがよいでしょう。かつての有限会社の資本金基準である300万円も1つの目安です。

　現物出資で会社を設立することもできます。土地や建物などまとまった金額の現物出資をお考えの方は、それが税務上は法人への売却となり、売却益が出ると税金を支払うことになります。

133

❹ 株式会社の設立手続における注意点

　会社は法律により認められた「人」です。設立登記した日が誕生日となります。赤ちゃんが産まれる前に胎内で「器官」ができるのと同様、会社も誕生と同時に活動ができるように「機関」を設計し、名前を決め、活動原資となる資本金を準備します。

　会社設立において最も重要な点は、定款に記載する内容です。設立の手続きそのものは、司法書士や行政書士が安価でスピーディーに設立代行を行うようになってきた背景もあり詳細な説明は省略しています。

　まず、株式会社と合同会社の設立手続のフローを確認しておきます。株式会社の設立方法には、「発起設立」と「募集設立」の2種類があります。

　発起設立は、発起人が発行する株式の総数を引き受けます。発起人とは、会社の設立事務を行う義務と権限を有し、定款に発起人として住所・氏名が記載されるものをいいます。

　募集設立は、発起人以外に株主を募集します。発起人以外に株主がいることから、募集設立は手続きが煩雑で時間もかかるため、通常は発起設立で行われます。次頁に示したフローも発起設立のものです。

第3章　自由な形にあなたの会社をデザイン

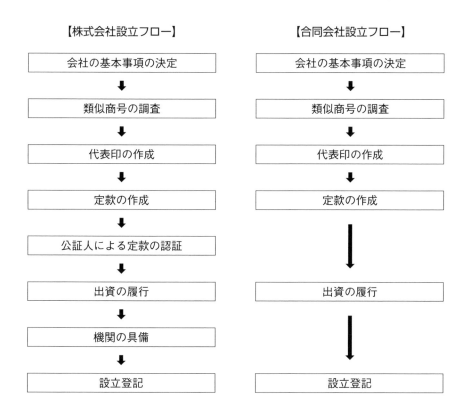

　合同会社の手続きについては、公証人による定款の認証と機関の具備が省略されます。公証人の認証は、定款が真正に作成されかつ内容が適法であることを確保するために行われます。多数の株主を予定する株式会社と小規模で閉鎖的な合同会社の違いです。また、合同会社は、出資者それぞれが業務執行を行いますので、機関の具備という手続きはとりません。

　登記に1週間程度、印鑑作成に数日かかりますが、その他の手続きが速やかに済めば全部で2週間から3週間で設立登記まで完了します。通常は1か月程度の余裕をみて計画します。

　なお、株式会社で必要となる定款の認証ですが、設立時に作成する原始定款だけであって、以降の変更は株主総会の特別決議で行うことができます。

定款は会社の根本規範を書面にしたもので、会社設立においては最も重要なポイントとなります。

　定款に記載される事項については、絶対的記載事項、相対的記載事項、任意的記載事項がありますが、事業運営するうえでその違いを意識することはほとんどありません。また、標準的なフォームを利用して定款を作成することで、問題はありません。株式会社の定款の標準的なフォームは日本公証人連合会のホームページ（http：//www.koshonin.gr.jp/ti.html）からダウンロードできます。

- 絶対的記載事項…定款に必ず記載を要する事項。記載がなければ定款自体が無効となる。
- 相対的記載事項…定款に記載しなければ効力を生じない事項。
- 任意的記載事項…定款に記載しなくても効力を生じる事項。いったん定款に記載すると、変更には定款変更の手続き（株主総会の特別決議）が必要となる。

　株式会社および合同会社（LLC）の絶対的記載事項は、次の項目となります。

株式会社	合同会社（LLC）
目的	目的
商号	商号
本店所在地	本店所在地
設立に際して出資される財産の価額またはその最低額	社員の出資の目的およびその価額または評価の標準
発起人の氏名または名称および住所	社員の氏名または名称および住所
発行可能株式総数	
	社員の全部が有限責任社員である旨

　発行可能株式総数については、定款認証時には記載がなくても構いませんが、会社成立までには定款変更して定款に織り込まなければなりません。

136

第3章 自由な形にあなたの会社をデザイン

　以下は定款の記載項目を株式会社と合同会社で対比したものです。株式会社は取締役＋株主総会のパターンです。合同会社は業務執行社員を置き、損益の分配を出資比率と異なる割合とする場合の定款です。

【株式会社】	【合同会社（LLC）】
第1章　総則 ・商号　※　★ ・目的　※ ・本店所在地　※ ・公告方法	第1章　総則 ・商号　※　★ ・目的　※ ・本店所在地　※ ・公告の方法
第2章　株式 ・発行可能株式総数　※ ・株券の不発行 ・株式の譲渡制限　★ ・相続人等に対する売渡請求　★ ・株主名簿記載事項の記載の請求 ・質権の登録および信託財産表示請求 ・手数料 ・基準日 ・株主の住所等の届出	第2章　社員と出資 ・出資1口の金額 ・社員の住所・氏名および出資の目的と価額　※ ・社員が有限責任である旨　※
第3章　株主総会 ・招集時期 ・招集権者 ・招集通知 ・株主総会の議長 ・株主総会の決議 ・議事録	第3章　業務執行社員　★ ・業務を執行する社員
第4章　取締役　★ ・取締役の員数 ・取締役の選任 ・取締役の任期	
第5章　計算 ・事業年度　★ ・剰余金の配当 ・配当の除斥期間	第4章　計算 ・事業年度　★ ・損益の分配 ・分配の割合

137

第6章　附則	第5章　附則
• 設立に際して出資される財産の価額および成立後の資本金の額　※ • 最初の事業年度 • 設立時取締役等 • 発起人の氏名ほか　※ • 法令の準拠	• 最初の事業年度 • 定款に定めのない事項

※は絶対的記載事項、★は本書で解説を加えている項目です。

設立に際して出資される財産の価額（株式会社）と出資の目的と価額（合同会社）については、本章❸の資本金の決め方（133頁）で説明をしています。

事業年度については、本章❷の決算期の決め方（131頁）で説明をしています。

商号、株式の譲渡制限、相続人等に対する売渡請求、取締役および業務執行社員については、以下に説明を加えます。

(1)　類似商号について

商号は会社名のことです。以前は、同一または類似の商号で、同一市町村で同一営業を営む場合は、不正競争の目的で使用すると推定され、その商号は登記できませんでした。このため定款の作成前に商号の調査が不可欠でした。

しかし、調査に時間がかかることと、同一営業かどうかの解釈が問題になるので定款記載の目的をかなり具体的に記載する必要があること、などから制度は廃止され、現在は同一の場所に本店を置く同一商号の住所を登記することはできない、となっているだけで、大幅に緩和がされています。

これは予防に重点を置くあまり手間がかかっていたものを、問題が起きた場合に解決をはかるという方向転換をしたものであって、自由にどのような商号を使ってもよいということではありません。

せっかく思いを込めてつけた会社名も、類似の商号が先に登記されていると、商号の抹消登記を命ぜられることもありますし、場合によっては損害賠償を請求されることもあります。やはりトラブルを未然に防ぐには類似商号の調査はするべきでしょう。

第3章　自由な形にあなたの会社をデザイン

調査は、登記所に備え置いてある商号調査簿を閲覧することでできますが、国税庁の法人番号公表サイト（https：//www.houjin-bangou.nta.go.jp/）を利用すれば効率的に調査ができます。

(2)　株式の譲渡制限について

株式会社は、世の中にあるお金を集めて大きな資本とし、経営のプロに経営を任せ、利益の分配をしようとするものです。

お金を集めやすくするには、株式に投下したお金を、いつでも回収することができるようにしておくことが大切です。このため、株式は自由に売買できるのが原則となっています。しかし小規模で閉鎖型の会社では人的な信頼関係のある者に株主を限定したいという要請も強くあり、定款に譲渡制限の定めを置くことができます。

譲渡制限のある株式会社において、株式を譲渡したい株主は、会社に対して譲渡先などを明らかにして譲渡承認の請求を行います。もし会社が好ましい相手でないと判断すれば、会社は承認をしないこともできます。

しかしそれだけでは、株主は株式を売却する機会を奪われ、あまりに不都合です。会社が承認しない場合は、譲渡承認請求者は、会社に対し、代わりに株式を買い取ってくれる人を指定する、もしくは会社自身が買取りするよう請求できます。

つまり、気に入らないなら、誰か代わりを見つけてくるか自分で買い取るかしてくれといえるのです。買取価額は会社法では抽象的にしか表現していませんので、具体的な価額は交渉ごとになります。折り合いがつかなければ、裁判になるケースもあります。

法人成りをした場合は、このようなトラブルの元が内在していることになりますので、譲渡制限をつけておけばそれで大丈夫とは思わないでください。

合同会社の場合は、出資は持分と表現されます。株式の譲渡に相当するのは、持分の譲渡といいます。合同会社では、社員間の人的信頼関係を踏まえて、持分の譲渡には、原則として他の社員の全員の承諾が必要です。ただし業務を執

139

行しない有限責任社員の持分については、業務執行社員の全員の同意により、これを譲渡することができます。

(3) 相続人等に対する売渡請求について

株式会社は、相続その他の一般承継により譲渡制限株式を取得した者に対し、当該株式を会社に売り渡すことを請求することができる旨を、定款に定めることができます。その他の一般承継とは、株主が法人である場合に合併などで株主が変わることなどをいいます。

仲間同士で株式を持ち合って事業を始めても、万一のことがあればその配偶者や子どもに株式が移ります。この段階ではまだ顔ぐらいは知っているかもしれませんが、また何かあると次は本当に見ず知らずの人に株式が移ってしまう可能性があります。

相続その他の一般承継については株式の譲渡制限の対象外ですから、会社の承認は必要ありません。これではせっかく株主の譲渡制限をつけた意味がなくなってしまいますので、相続人等に対する売渡請求を定款に記載し、いったん会社で買い取れる権利を担保しておいたほうがよいでしょう。問題なければ相続人等に買取請求をする必要はありません。

合同会社で相続が発生した場合は、原則として当該社員は退社し、その一般承継人が持分を承継するのではなく、持分の払戻しを受けます。ただし、小規模・閉鎖性を前提にする合同会社の内部の関係であるため、定款により一般承継人が持分を承継する旨を定めることもできます。

(4) 役員の責任について

法人成りをする場合は、所得の分散の観点からも、親族に役員として経営に参画してもらうことがあります。もし名目的な役員であったとしても、判例はそれを理由に取締役としての責任を軽減する傾向にはありません。どのような責任があるか確認しておきましょう。

第3章　自由な形にあなたの会社をデザイン

①　会社に対する責任

　役員等は、次のような原因により会社に損害を与えた場合、他の役員等と連帯して損害賠償等の責任を負います。ただし、総株主の同意があれば会社に対する役員の責任は全部免除されます。この点では株式が分散していないほうがよいといえるでしょう。

任務懈怠	善管注意義務・忠実義務に違反するような場合
利益相反取引	取締役と会社の利益が相反するような取引を行うような場合（原則として、取締役会決議が必要）
利益供与	株主の権利行使に関して、株主に対し金銭その他の財産上の利益を供与するような場合
違法配当	分配可能額を超えて剰余金の配当を行うような場合

②　第三者に対する責任

　悪意または重過失による任務懈怠があって第三者に損害を与えたときは、第三者に対して損害賠償等の責任を負います。悪意とは、「知っている」という意味であって、相手を害する意図をもって、ということではありません。反対に善意とは、「知らない」という意味です。

　第三者に対する責任については免除規定はありません。中小企業であっても会社倒産などの際には任務懈怠責任が追及される例があります。配偶者も役員であれば配偶者名義の財産も処分せざるを得ないことにもなります。これから法人成りを検討する前向きな会社には当面心配はないでしょうが、法律上は責任が生じうる点に注意してください。

③　合同会社の業務執行社員の責任

　合同会社の社員は間接有限責任ですから、出資を限度としての責任しか負いません。しかし業務執行という点において、第三者に対する責任を負います。

　定款に業務執行社員の記載がなければ全員が業務を執行する権限と義務を持つので、出資者全員が第三者に対する責任を負います。業務執行社員を定款で

141

定めた場合は、業務執行社員以外の社員は間接有限責任だけで済みます。出資が1円であれば、責任は1円です。

ところで合同会社の業務執行社員以外の社員は、税務上は役員の範囲から外れてしまいます。これは業務執行権限がなければ、単に出資者としての位置づけになるからです。

配偶者が業務執行社員以外であれば、合同会社から報酬を受けるには、労働の対価として受けるしかなく、他の従業員と同様に勤務が必要となってきます。経営の対価として報酬を受けるには業務執行権が必要であり、責任がセットになります。

第3章　自由な形にあなたの会社をデザイン

Column　登記簿謄本

　会社の登記簿謄本からいろいろなことが見えてきます。謄本は全部の写しのこと、抄本は一部の写しのことです。登記簿謄本には、履歴事項全部証明と現在事項全部証明があります。前者は過去の変更登記の履歴も記載され、後者は現在効力を有する事項のみ記載されます。同様に登記簿抄本には、履歴事項一部証明と現在事項一部証明があります。

　会社の履歴事項全部証明を見ると、変更があった箇所には下線が引かれており、変更の事実とその日付を確認することができます。

　もし本店移転や商号変更が短期間に繰り返されていると、何か訳ありの感があります。普通に事業をするのに、商号も本店所在地もそうたびたび変更するものではありません。むしろデメリットのほうがあります。それでも変更を繰り返すのは、それを超える何かの意図があるのでしょう。

　事業目的が現実の事業とかけ離れている場合は、外部から見えない事業をしていることが考えられます。また設立時の経営者の考え方を知るヒントにもなります。

　役員の解任や辞任がある場合は、経営陣の対立や不祥事など何か問題があったことが窺えます。辞任はいつでも本人の意思で行うことができます。解任は、取締役の場合は株主総会の普通決議で行い、監査役の場合は株主総会の特別決議で行います。普通決議は、議決権の過半数を有する株主が出席し、その出席した株主の議決権の過半数の賛成で可決されます。特別決議は、議決権の過半数を有する株主が出席し、その出席した株主の議決権の3分の2以上の賛成で可決されます。会社のお目付役である監査役を解任するには、取締役の解任よりも厳格な手続きが必要となっているのです。代表取締役に関しては、代表権だけを剥奪し、引き続き取締役の地位に残す場合は「解職」といい、取締役会の決議で行います。

　金融機関で口座を開く場合は会社の登記簿謄本が必要になりますし、大きな取引をする場合も相手方は登記簿謄本をチェックするでしょう。もし、上述したような登記になっていると、それを見た人の判断は慎重になりますので注意が必要です。

第4章

法人成りのタイミングで
絶対に忘れてはいけないこと

Point

この章では、まず「法人成りするときに事業用資産を
個人事業から法人へ移転する方法としてどのようなも
のがあるか」について確認します。

次に、「個人事業最終年度の申告ではどのような点に
注意するか」について確認します。毎年の申告とは異
なる扱いがあります。そして、「法人成りした後に忘
れてはいけない、税務署や社会保険事務所など官公庁
への手続き」について確認します。

❶ 個人事業の後始末

　法人成りすれば、事業を行うプレーヤーは個人から法人に移り、個人のチームは解散することになります。スポーツを例にとれば、個人のチームを解散するにあたり、使っていた用具や設備なども法人チームに移します。これらをすべて終えて、めでたく解散となります。

　商売は、日々続いています。どこで個人から法人へ切り替えるか、判断の拠り所が必要でしょう。まずは法人の決算期と、設立日、事業開始日を決めてください。前もって1年程度の準備期間を設けていないと、最適な時期を選んでも、すでにその時期を過ぎていたということもあります。

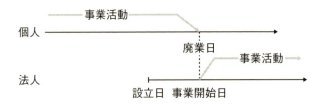

　法人の設立日と事業開始日は同一日でなくても構いませんが、個人の廃業日と法人の事業開始日は原則として一致させます。商品や有形固定資産などを売却する場合も、その日に合わせて行います。

　事業開始日以後は、事業に関する収益と費用はすべて法人に帰属します。商品の売却による所得区分は、事業所得となるので廃業日までに行う必要がありますが、有形固定資産などの売却による所得区分は譲渡所得となるので、廃業日を越えても構いません。

　手続きが無事終了すれば、納税地の所轄税務署に必要な書類を提出します。完全に事業を廃止する場合と、一部の事業が残る、もしくは不動産所得が発生

第4章　法人成りのタイミングで絶対に忘れてはいけないこと

するなどの事情に応じて提出書類が変わります。

　一部の事業が残るのは、ホームページデザインと雑貨販売など複数の事業を行っており、そのうちの片方だけを法人成りするような場合です。また、不動産所得が発生するのは、法人成りを機に、個人の不動産を法人に賃貸することで新たに不動産所得が発生するような場合です。各ケースにおける提出書類は次のようになっています。

提出書類＼ケース	事業の一部が残る、または不動産所得が発生する	すべての事業を廃止する
個人事業の廃業等届出書	提出不要	提出
所得税の青色申告の取りやめ届出書	引き続き青色申告をするのであれば、提出不要	提出
消費税の事業廃止届出書	課税売上げがあれば、提出不要	提出
給与支払事務所等の廃止届出書	給料の支払がなくなるのであれば、提出	個人の廃業等届出書を提出するので、提出不要

　個人事業の廃業等届出書、青色申告の取りやめ届出書、給与支払事務所等の廃止届出書は、事業廃止から1か月以内、消費税の事業廃止届出書は速やかに提出と規定されています。

　すべての書類をあわせて1か月以内に提出すればよいでしょう。どの書類も提出の際は、提出用と控え用の2部を作成し、税務署の受付印のある控えをもらって、大切に保管してください。

147

		1 0 4 0

税務署受付印

個人事業の開業・廃業等届出書

税務署長	納税地	○住所地・○居所地・○事業所等(該当するものを選択してください。) (〒　－　　)
		(TEL　－　　－　　)
年　　月　　日提出	上記以外の 住 所 地 ・ 事 業 所 等	納税地以外に住所地・事業所等がある場合は記載します。 (〒　－　　)
		(TEL　－　　－　　)

フリガナ		生年月日	○大正 ○昭和　年　月　日生 ○平成
氏　　名	㊞		
個人番号			
職　　業	フリガナ		
	屋　号		

個人事業の開廃業等について次のとおり届けます。

届出の区分 該当する文字を○で囲んでください。	開業(事業の引継ぎを受けた場合は、受けた先の住所・氏名を記載します。) 　住所＿＿＿＿＿＿＿＿＿＿＿＿＿＿＿＿＿＿　氏名＿＿＿＿＿＿＿＿＿＿ 事務所・事業所の(○新設・○増設・○移転・○廃止) 廃業(事由) 　(事業の引継ぎ(譲渡)による場合は、引き継いだ(譲渡した)先の住所・氏名を記載します。) 　住所＿＿＿＿＿＿＿＿＿＿＿＿＿＿＿＿＿＿　氏名＿＿＿＿＿＿＿＿＿＿
所 得 の 種 類	○不動産所得・○山林所得・○事業(農業)所得〔廃業の場合……○全部・○一部(　　　　　　)〕
開業・廃業等日	開業や廃業、事務所・事業所の新増設等のあった日　平成　　年　　月　　日
事業所等を 新増設、移転、 廃止した場合	新増設、移転後の所在地　　　　　　　　　　　　　(電話)
	移転・廃止前の所在地
廃業の事由が法 人の設立に伴う ものである場合	設立法人名　　　　　　　　　　代表者名
	法人納税地　　　　　　　　　　　　　　　設立登記　平成　年　月　日
開業・廃業に伴 う届出書の提出 の有無	「青色申告承認申請書」又は「青色申告の取りやめ届出書」　　　○有・○無
	消費税に関する「課税事業者選択届出書」又は「事業廃止届出書」　○有・○無
事業の概要 できるだけ具体 的に記載します。	

給与等の支払の状況	区　分	従事員数	給与の定め方	税額の有無	その他参考事項
	専従者	人		○有・○無	
	使用人			○有・○無	
	計			○有・○無	
源泉所得税の納期の特例の承認に関する申請書の提出の有無		○有・○無	給与支払を開始する年月日		平成　年　月　日

関与税理士 (TEL　－　　－　　)		税務署整理欄	整理番号	関係部門連絡	A	B	C	番号確認	身元確認
			0						□ 済 □ 未済
			源泉用紙交付	通信日付印の年月日	確認印	確認書類 個人番号カード／通知カード・運転免許証 その他(　　　　)			
				年　月　日					

148

第4章　法人成りのタイミングで絶対に忘れてはいけないこと

税務署受付印					1 1 1 0

所得税の青色申告の取りやめ届出書

_____ 税務署長

_____年_____月_____日 提出

納　税　地	●住所地・●居所地・●事業所等(該当するものを選択してください。) (〒　　－　　　)
	(TEL　　－　　－　　)
上記以外の 住　所　地・ 事　業　所　等	納税地以外に住所地・事業所等がある場合は記載します。 (〒　　－　　　)
	(TEL　　－　　－　　)
フ　リ　ガ　ナ	
氏　　　名　　　㊞	生年月日 ●大正 ●昭和 ●平成　　年　月　日生
職　　　業	フリガナ
	屋　号

平成_____年分の所得税から、青色申告書による申告を取りやめることとしたので届けます。

1　青色申告書提出の承認を受けていた年分

　●平成

　●昭和_____年分から平成_____年分まで

2　青色申告書を取りやめようとする理由（できるだけ詳しく記載します。）

3　その他参考事項

関与税理士	税務署整理欄	整 理 番 号	関係部門連絡	A	B	C
(TEL　　－　　－　　)		0				
		通 信 日 付 印 の 年 月 日	確 認 印			
		年　　月　　日				

149

第6号様式

事 業 廃 止 届 出 書

			（フリガナ）	
平成　年　月　日	届 出 者	納 税 地	（〒　　−　　　）	
				（電話番号　　−　　−　　　）
		氏 名 又 は 名 称 及 び 代 表 者 氏 名	（フリガナ）	
				印
＿＿＿＿税務署長殿		個 人 番 号 又 は 法 人 番 号	↓ 個人番号の記載に当たっては、左端を空欄とし、ここから記載してください。	

　下記のとおり、事業を廃止したので、消費税法第57条第1項第3号の規定により届出します。

事 業 廃 止 年 月 日	平成　　　　年　　　　月　　　　日
納 税 義 務 者 と なっ た 年 月 日	平成　　　　年　　　　月　　　　日
参 　 考 　 事 　 項	
税 理 士 署 名 押 印	印 （電話番号　　−　　−　　　）

※税務署処理欄	整理番号			部門番号				
	届出年月日	年　　月　　日		入力処理	年　　月　　日		台帳整理	年　　月　　日
	番号 確認		身元 確認	□ 済 □ 未済	確認 書類	個人番号カード／通知カード・運転免許証 その他（　　　　　　　　　　　）		

注意　1．裏面の記載要領等に留意の上、記載してください。
　　　2．税務署処理欄は、記載しないでください。

第4章　法人成りのタイミングで絶対に忘れてはいけないこと

※整理番号

給与支払事務所等の開設・移転・廃止届出書

	住所又は 本店所在地	〒 電話（　　　）　　－
事務所開設者	（フリガナ）	
	氏名又は名称	
	個人番号又は 法人番号	［個人番号の記載に当たっては、左端を※欄とし、ここから記載してください。］
	（フリガナ）	
	代表者氏名	㊞

平成　　年　　月　　日

税務署長殿

所得税法第230条の規定により次の
とおり届け出ます。

（注）　「住所又は本店所在地」欄については、個人の方については申告所得税の納税地、法人につい
ては本店所在地（外国法人の場合には国外の本店所在地）を記載してください。

開設・移転・廃止年月日	平成　　年　　月　　日	給与支払を開始する年月日	平成　　年　　月　　日

○届出の内容及び理由
（該当する事項のチェック欄□に✔印を付してください。）

		「給与支払事務所等について」欄の記載事項	
		開設・異動前	異動後
開設	□ 開業又は法人の設立 □ 上記以外 　※本店所在地とは別の所在地に支店等を開設した場合	開設した支店等の所 在地	
移転	□ 所在地の移転	移転前の所在地	移転後の所在地
	□ 既存の給与支払事務所等への引継ぎ （理由）□ 法人の合併　□ 法人の分割　□ 支店等の閉鎖 　　　　□ その他 　　　（　　　　　　　　　　　　　　　　）	引継ぎをする前の 給与支払事務所等	引継先の給与支払 事務所等
廃止	□ 廃業又は清算結了　□ 休業		
その他（　　　　　　　　　　　　　　）		異動前の事項	異動後の事項

○給与支払事務所等について

	開設・異動前	異動後
（フリガナ） 氏名又は名称		
住所又は所在地	〒 電話（　　　）　　－	〒 電話（　　　）　　－
（フリガナ） 責任者氏名		

従事員数	役員	人	従業員	人	（　　）	人	（　　）	人	（　　）	人	計	人

（その他参考事項）

税理士署名押印　　　　　　　　　　　　　　　　㊞

※税務署 処理欄	部門	決算期	業種番号	入力	名簿等	用紙交付	通信日付印	年月日	確認印
	番号確認	身元確認 □ 済 □ 未済	確認書類 個人番号カード/通知カード・運転免許証 その他（　　　）						

（規格A4）

29.04 改正

151

❷ 事業用資産の移転の方法

　スポーツの例を続けましょう。個人チームから用具類や設備を法人チームに引き継ぐ際、その方法としてはどのようなものが考えられるでしょうか。高価なモノはいくらかで売るか貸すかして、安いモノや使い古したモノはタダであげるのではないでしょうか。

　法人成りでも似たようなもので、現物出資という概念も含めて個人と法人の課税関係を整理すると次のようになります。

引継方法	個　人	法　人
売る（売却）	譲渡所得	課税なし。 支払額は、金額に応じて経費処理または資産計上し減価償却
あげる（贈与）	譲渡所得	受贈益。 時価に応じて経費処理または資産計上し減価償却
有料で貸す（賃貸借）	雑所得、不動産所得など	支払額は経費
無料で貸す（使用貸借）	課税なし	維持管理費など通常の必要経費は負担義務を負う
現物出資とする	譲渡所得	課税なし

　個人から法人へ移すべきものは、事業をするのに必要な資産も負債もすべてが対象になります。つまり、現預金、売掛金、未収入金、貸付金、在庫、有形固定資産（自動車やパソコン、内装設備など）や無形固定資産（ソフトウェアや商標権）などの資産と買掛金、未払金、借入金などの負債となります。

　考え方として、「相手のあるもの」、つまり売掛金や買掛金などは、個人から法人に移すにあたり、相手方に通知したり、承認をもらったりしなければなりません。その手間を考えるとわざわざ法人へ移す必要はありません。100万円

の売掛金を法人に移すのに、個人は法人から売掛金譲渡代金100万円をもらい、法人は得意先から売掛金100万円を回収するのです。個人が、得意先から売掛金100万円を回収するのも同じで、間に法人が入った分面倒なだけです。

　相手のあるものでも法人に移さないと困るのが、金融機関からの借入金です。借入金の返済原資は事業から生まれる利益ですから、個人で支払を続けるわけにはいかないのです。したがって、これは法人へ引き継ぎますが、契約の名義変更は普通は行われません。

　ただし、法人と個人の間で債務引継契約を締結し、法人ではそれを取締役会議事録等に残しておくことが必要です。これは事業に関連する個人名義の借入金を法人が引き継ぐことの根拠を残して、税務署に説明するためです。

　金融機関は、借入金の返済があれば、その返済原資が何であるかまで言及しませんが、税務署は違います。法人が事業に関係のない借入金を肩代わりして弁済していれば、それは相手によって寄附金や役員賞与といった認定を受けるおそれがあります。上記の議事録等の保存はそれを回避するためのものです。手続きについては、金融機関や保証協会とも事前に相談をしてください。

　「相手のないもの」は、在庫や有形固定資産、無形固定資産の一部などです。これらは前頁の表のいずれかの方法により、法人が事業で利用できるようにします。いずれの方法も時価による引継ぎが基本となります。

(1)　売る（売却）

　売却価額は時価によります。中古のものについて時価を見つけるのは簡単ではありませんので、有形固定資産や無形固定資産は簿価を時価とみなすことで問題はありません。簿価は、取得価額から減価償却累計額を控除した額です。

　土地については、固定資産税評価額や路線価、公示価格などを参考にした価額を時価とします。時価に対して固定資産税評価額は7割程度、路線価は8割程度で評価されていますので、それぞれの率で割り返す等の調整が必要です。

　在庫については、時価＝簿価とならないので要注意です。在庫の場合は、時

価は通常売買する価額となります。そうすると個人では売却益が出ますが、次に法人が売却するときは利益を出すことができなくなります。そこで実務的には、通常売買される価額のおおむね70％相当で売買します。これは、この水準を下回った場合は、通常売買される価額の70％相当額により譲渡があったものとして、事業所得の総収入金額を計算する取扱いがあるからです。

　有形固定資産や無形固定資産と棚卸資産で取扱いに差があるのは、棚卸資産が販売を目的として所有するものであるのに対し、固定資産が利用を目的として所有するものだからです。販売目的とは利益を稼ぐことであり、時価には利益を含める必要があります。

　これに対し有形固定資産などは、利用が目的ですから、最初に購入した資金からすでに利用済み分を差し引きした後の価額（簿価）をおおむね時価とみなします。利用済み分というのが減価償却累計額にあたります。

　個人が課税事業者であれば、売却により資産を移転した場合はその取引についても消費税が課税されるので要注意です。

⑵　あげる（贈与）

　個人が法人へ価値あるものを時価の2分の1に満たない金額で譲渡すると、時価による譲渡があったとみなされます。

　もし簿価100万円の機械を、個人が法人にタダであげると、個人はお金をもらってもいないのに所得税の負担をし、法人では受贈益に対する課税が生じます。ただし、簿価＝時価と考えて差し支えない資産については、譲渡益（＝時価－簿価）は0となり、個人の所得税課税は生じません。

　法人では受け入れたときに受贈益課税が生じますが、その額は金額によって経費として処理するか、または資産計上し耐用年数にわたり減価償却費として費用化していきますので、トータルでは受贈益と同額の費用が計上されます。

第4章　法人成りのタイミングで絶対に忘れてはいけないこと

(3)　有料で貸す（賃貸借）

　有料で貸す場合、個人には受取賃料という所得が発生します。法人は支払賃料という経費を計上します。

　個人は確定申告が必要になりますが、貸しているものの維持費や減価償却費などとほぼ同額を受取賃料とすれば、課税所得は発生しません。通常は1か所からの給与所得で、給与所得と退職所得以外の所得が20万円以下であれば確定申告の必要はありません。しかし、同族会社の役員とその親族などの場合は、同族会社から賃料を受け取っていれば必ず申告が必要になります。

(4)　無料で貸す（使用貸借）

　不動産や自動車など名義変更に手間がかかるのであれば、無料で法人に貸すのもよいでしょう。

　この場合、貸与資産にかかる通常の維持費については法人で負担することで問題はありません。無償で貸しているとはいえ、個人と法人の間でどのような契約関係になっているかを税務署などに説明する必要がある場合がありますので、この場合でも契約（使用貸借契約）を締結しておきます。

(5)　現物出資とする

　現物出資とは、金銭で出資をするのではなく、モノで出資をすることをいいます。税務的には、「法人にモノを売却」＋「売却代金で出資を行った」と、取引を分けて考えるため、売却益が出ると、個人で課税が発生します。

　現物出資の場合は、原則として裁判所選任の検査役の検査が必要です。現物出資額が500万円以下の場合や、評価額がはっきりとする上場株式、あるいは公認会計士や税理士などから価額の相当性について証明を受けた場合は、検査役は不要となります。手続き面での手間を考えただけでも、特にこの手法をとる必要はないでしょう。

155

❸ 個人事業の最終年度の申告について

　個人事業を廃業すれば、その日までの事業収益を計算し、所得税は翌年の3月15日までに、消費税は翌年の3月31日までに確定申告を行うことになります。

　これに対し、事業税は廃業の日から1か月以内の申告となっています。通常、個人の場合は、税務署に確定申告書を提出すると、それが住民税、事業税の関係部署に回付され、地方税や事業税の申告を別にする必要はありません。廃業のときだけ事業税の申告が必要となり、また期限も1か月と短いので提出遅れに注意してください。事業税の提出先は、税務署でなく各都道府県の個人事業税の窓口となりますので、遅れた場合は相談してください。実務の感覚では弾力的な対応をしている印象を受けます。

　廃業年度だけ所得税の申告と事業税の申告のタイミングが違うのは、所得税の確定申告が事業所得に限らず他の所得も合わせて1年間の所得を計算するので、すぐには申告が行えないのに対して、事業税は事業で得た所得だけにかかるものですから、事業をやめると理屈としては計算ができるからです。ただし、一部事業を個人事業として続ける場合などは事業税の申告は必要ありません。

　個人事業を廃止した年の確定申告は、法人に事業を移すまでの「事業所得」、事業資産の売却による「譲渡所得」、事業資産の賃貸による「雑所得、不動産所得」、法人からの「給与所得」といろいろな種類の所得を合算して申告することになります。消費税については、課税事業者であれば事業用資産を法人に売却したものも課税取引となるので、それも含めて申告をする必要があります。

　最終年度の事業所得を計算するうえで注意する点は、次のとおりです。

第4章　法人成りのタイミングで絶対に忘れてはいけないこと

(1)　小規模事業者の現金主義の特例

　発生主義で処理すれば今年の収入や経費となるべきものが、現金主義による処理のため来年の収入や経費になることがあります。

　しかし、課税時期がずれるだけで、所得が漏れるわけではないので、小規模事業者には事務手続の煩雑さを考慮してこの特例が認められています。来年も事業をするという前提がなくなれば、この特例を適用することはできなくなります。

(2)　事業税の見込計上

　事業税は、支払った日の属する事業年度の損金となります。

　事業を廃止した後に支払をした事業税は、もう個人での売上げがないため、経費として使えなくなってしまい不都合ですので、廃業年度の事業税に限り見込額を計上することができます。もし計上を忘れた場合は、廃業年度の確定申告について更正の請求手続をとることになります。

　最終年度の事業税見込額は次の式で算定されます。

$$(A \pm B) \times \frac{R}{(1 + R)}$$

　A…事業税の見込額を控除する前の事業所得

　B…事業税の課税標準の計算上 A の金額に加算し、または減算する金額

　R…事業税の税率

　$\dfrac{R}{(1 + R)}$ …事業税の実効税率

　事業税は、経費計上できる税金なので節税効果があり、実際は5％の税負担より軽くなっています。事業税の実効税率を x、事業税率を R とすると、x ＝ R － R × x となります。表面税率から節税効果を控除しています。

157

これを展開すると x = $\dfrac{R}{(1+R)}$ となります。事業税率5％とすると実効税率は 4.76％と計算されます。表面的には5％の税率であっても、節税効果があるからです。

また、事業主控除 290 万円については、月割りで計算します。1月に満たない端数は1月として計算します。もし6月10日に廃業であれば 290 万円× $\dfrac{6}{12}$ = 145 万円となります。

(3) 減価償却費

減価償却費は、12 月 31 日において有する減価償却資産について、減価償却計算を行うよう規定されています。したがって年の途中で事業を廃止し、法人へ売却すると 12 月 31 日時点では減価償却資産がありませんので、売却時までの減価償却費は計上せずに、期首の簿価で売却することが原則となります。しかし、売却時点までの減価償却費を月割りで計上しても差し支えないと規定されています。

減価償却費は事業経費であり、事業用資産の譲渡損は事業経費ではないので、売却時までの減価償却費を計上するほうが事業税は有利になります。事業所得も総合課税の譲渡所得も所得税の計算上は合算されるため、所得税に差は出ません。

158

第4章　法人成りのタイミングで絶対に忘れてはいけないこと

Column　中古資産の耐用年数

　個人から法人へ事業用資産を移転すると、法人としては中古資産を取得したことになり、耐用年数は、原則として「見積法」、それが困難な場合は「簡便法」によると規定されています。

　見積法は、その中古資産の使用状況、取得時までの損耗の度合、材質、構成の状況等の具体的なデータを基礎として、取得後の耐用年数を実際に見積もる方法で、かなり技術的な資料が必要となります。このため簡便法で耐用年数を計算するケースがほとんどとなります。

　ただし、中古資産を利用するにあたり、その再取得価額の50％を超える資本的支出を行うと簡便法は使えず、新品と同じ法定耐用年数を使うことになります。資本的支出とは、固定資産の修理、改良等のために支出した金額のうち当該固定資産の価値を高め、またはその耐久性を増すこととなると認められる部分に対応する金額をいいます。法人成りでは、実態は変わらず商売は続いていますので、法人成りを機に固定資産に修理、改良を加えるケースは少ないでしょう。

　簡便法の計算は、次のようになります。

法定耐用年数の全部を経過した資産	法定耐用年数×20％
法定耐用年数の一部を経過した資産	法定耐用年数－経過年数＋経過年数×20％

　この算式で計算した年数に、1年未満の端数があればその端数を切り捨て、2年に満たない場合は2年とします。

　世間の節税ネタで「中古車は4年落ちを買え」といわれることがありますが、この計算方法がその理由です。普通乗用車の法定耐用年数は6年であり、4年経過したものを購入すると、簡便法による耐用年数は6年－4年＋4年×20％＝2.8年となります。端数は切り捨てますので、耐用年数は2年となります。定率法を採用していれば、12か月で1円を残してすべてを償却することになります。この節税手法は、「お金は使わずに、効果は一時的」のパターン（32頁参照）です。

159

⑷　一括償却資産の必要経費算入

　固定資産はその取得価額に応じて、経費処理の仕方が異なる場合があります。原則は、固定資産に計上し、法定耐用年数にわたり減価償却を通じて費用化していきます。

　取得価額10万円未満のものは、その取得価額を全額経費処理することができます。

　取得価額20万円未満のものは、事業の用に供した年以後の3年間で償却していきます。資産ごとに計算するのではなく、その年に購入した20万円未満のものを合算して、3分の1ずつ償却します。これを一括償却資産と呼びます。

　取得価額30万円未満の減価償却資産は、青色申告の中小企業者等（中小企業者または農業協同組合等）に限りますが、全額経費処理することができます。中小企業者とは、資本金の額または出資金の額が1億円以下で、発行済株式または出資の総額の2分の1以上が同一の大規模法人に所有されていない、もしくは3分の2以上が大規模法人に所有されていない法人です。資本または出資のない法人の場合は、常時使用する従業員数が1,000人以下の法人が対象となります。上限は年間300万円までで、年の途中で廃業したときは月割り換算します。もし年の真ん中で廃業すれば、半分の150万円がその限度となります。

　もし消費税の免税事業者であれば、上記金額は税込みで判断します。消費税の課税事業者で、税込経理を採用していれば税込みで判断し、税抜経理であれば税抜きで判断します。

　中小企業者であれば、次のように取得価額に応じて処理方法が選択できます。

取得価額＼処理方法	資産計上	全額経費処理	3年均等償却
10万円未満	○	○	○
10万円以上20万円未満	○	○	○
20万円以上30万円未満	○	○	－
30万円以上	○	－	－

個人から法人へ資産を売却する場合、資産計上したものは、時価＝簿価として売却します。全額経費処理したものは、簿価はありませんので無償による譲渡になります。3年均等償却を選択したものについては、取得価額のうちまだ償却されていない部分が残りますが、この価額で売買処理するのではなく、すべて廃業した年の経費とし、法人へは無償で譲渡することになります。

(5) 事業廃止年度の純損失

事業所得が赤字となった場合、通常であれば前年分の所得税を限度に繰戻し還付を行うか、翌年以降3年の間の黒字と相殺します。なお、他に損益通算の対象となる所得がある場合に、事業所得の赤字を損益通算できることは、事業廃止以降も同じです。このため法人成り後の役員報酬と、繰り越された損失を相殺することは可能です。

また、廃止事業年度に限っては、その前年に純損失があり、事業廃止年度の黒字と相殺しきれないときは、前々年の所得税を限度に繰戻し還付請求ができます。いずれも継続して青色申告書を提出する場合に限られます。繰戻しは確定申告書とあわせて、「純損失の金額の繰戻しによる所得税の還付請求書」を確定申告期限内に提出する必要があります。

ケースによってはいずれの場合でも、損失を使いきれずに終わってしまうことがあります。

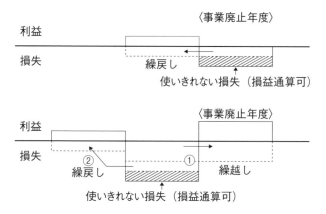

税務署受付印

純損失の金額の繰戻しによる所得税の還付請求書

＿＿＿＿＿＿＿＿税務署長	住　所（又は事業所・事務所・居所など）	（〒　　－　　　）	職　業	
＿＿年＿＿月＿＿日提出	フリガナ 氏　名	㊞	電話番号	
	個人番号			

純損失の金額の繰戻しによる所得税の還付について次のとおり請求します。

還付請求金額（下の還付請求金額の計算書の㉒の金額）		円

純損失の金額の生じた年分	年分	還付の請求が、事業の廃止、相続開始の休止、事業の金額又は重要部分の譲渡、相続によるものである場合は右の欄に記入してください。	請求の事由（該当する文字を○で囲んでください。）事業 { 廃　止 休　止 譲　渡 } 相続	左の事実の生じた年月日 ・・	休止期間 ・・ ・・	この純損失の金額について、既に繰戻しによる還付を受けた事実の有無
純損失の金額を繰り戻す年分（純損失の金額の生じた年の前年分を書きます。）	年分					有・無

還付請求金額の計算書（書き方は裏面に説明してあります。）

○申告書と一緒に提出してください。（税理士署名押印）（電話番号）

				金　額					金　額	
平成　　年分　A 純損失の金額	総所得	変動所得	①	円	B に繰り戻す前の金額	総所得	変動所得	④	円	千円未満の端数は切り捨ててください。
		その他	②				その他	⑤		
	山林所得		③			山林所得		⑥		
純損失の金額の繰戻しによる所得税の還付金額の計算　前年分の税額	C 課税される所得金額	総所得	⑦		E 繰戻し控除後の所得金額	繰戻し控除後の税額	総所得	⑮		
		山林所得	⑧				山林所得	⑯		
		退職所得	⑨				退職所得	⑰		
	D C に対する税額	⑦に対する税額	⑩			F E に対する税額	⑮に対する税額	⑱		
		⑧に対する税額	⑪				⑯に対する税額	⑲		
		⑨に対する税額	⑫				⑰に対する税額	⑳		
		計（100円未満の端数は切り捨ててください。）	⑬				計（100円未満の端数は切り捨ててください。）	㉑		
	源泉徴収税額を差し引く前の所得税額		⑭			純損失の金額の繰戻しによる還付請求金額（⑬-㉑）と㉑のいずれか少ない方の金額）		㉒		

㊞

還付される税金の受取場所	（銀行等の預金口座に振込みを希望する場合）　　　　　銀　行　　　　本店・支店　　　　金庫・組合　　　　出　張　所　　　　農協・漁協　　　　本所・支所　　　　　　　預金　口座番号	（ゆうちょ銀行の口座に振込みを希望する場合）貯金口座の記号番号　　　－（郵便局等の窓口受取りを希望する場合）

税務署整理欄	通信日付印の年月日　　年　　月　　日	確認印	整　理　番　号　0	一連番号	
	番号確認　身元確認	確　認　書　類			
	□済　□未済	個人番号カード／通知カード・運転免許証その他（　　　　　　　）			

162

第4章　法人成りのタイミングで絶対に忘れてはいけないこと

(6)　事業を廃止した場合の必要経費の特例

　事業にかかる費用または損失で、事業を廃止しなければその年分以後の所得金額の計算上必要経費となるべき金額が生じた場合には、その廃止をした年分の必要経費に算入するという特例があります。

　よくあるのが貸倒損失です。法人成りに伴って、売掛金など「相手のある」ものについては、あえて個人から法人へ移す必要はないと説明しました。ところが、取引先が翌年に倒産して売掛金が回収できなくなった場合、事業を継続していればそのときの収益とぶつけることができるのですが、事業は法人に移っているので、事業廃止年度の確定申告を訂正する意味の「更正の請求」を行うことになります。更正の請求は、貸倒れ等があってから2か月以内となりますので注意してください。

(7)　退職金

　退職金は、在職期間に対して発生するものであり、個人と法人の両方にまたがって勤務する従業員については、その退職金が個人と法人のいずれの費用になるかが問題となります。

　法人成り後、相当期間内に退職金支払があった場合は、個人事業者時代に対応する部分は個人事業の経費として処理されます。たとえば勤続20年の従業員が、法人成り後1か月で退職したときに支払う退職金は、ほとんどが個人の事業経費となります。この場合は、個人の最終事業年度の減額更正を行うことになります。

　減額更正の期間が5年であることから、相当期間内は5年が1つの目安になると考えられます。この相当期間を越えてから法人で退職金を支払う場合、全額が法人の経費となります。また、退職所得控除の計算で用いる勤務年数は、退職金規程に個人事業での勤務期間を含めて退職金を計算すると定められていれば、個人事業者時代も含めた年数となります。

　なお、個人事業のときに退職給与規程等を有し、その規程に基づく適正な額

163

を支給対象者全員に通知する、支給対象者全員から退職所得申告書に自著押印を求めるなど、債務として確定していると認められる場合は、個人事業最終年度に退職金として経費計上することができます。

第4章　法人成りのタイミングで絶対に忘れてはいけないこと

❹　法人成りした後の税務署への届出

法人設立にあたり提出を検討する主な届出書には、下記のものがあります。

① 法人設立届出書（都道府県および市区町村にも提出が必要）
② 源泉所得税関係の届出書
③ 消費税の各種届出書
④ 青色申告の承認申請書
⑤ 棚卸資産の評価方法の届出書
⑥ 減価償却資産の償却方法の届出書
⑦ 有価証券の一単位当たりの帳簿価額の算出方法の届出書
⑧ 事前確定届出給与に関する届出書

届出の際は、必ず提出用と控え用の2部を作成し、提出先の受付印を押してもらった控えは、大切に保管してください。郵送による手続きもできますが、切手を貼付した返信用封筒の同封が必要になります。

165

① 法人設立届出書

　設立の日以後2か月以内に、納税地の所轄税務署および都道府県税事務所、市役所（または町村役場）に届け出ることになります。納税地は、通常は本店の住所地ですが、本店住所が形式的であって実質的な事業活動を行う事務所（主たる事務所）が別にあれば、その住所地が納税地となります。

　税務署に届出する際の添付書類として、下記のものが必要とされていますが、実務的には定款と登記事項証明を添付して、提出します。登記事項証明書の写しに代えて、登記情報提供サービスを利用することができます。その際は照会番号と発行年月日の記載で済みます。

　添付書類は、都道府県税事務所や市区町村への提出の際も同様ですが、地域によっては税務署への法人設立届出書の写しが必要であったり取扱いが違う場合もありますので、事前に確認をしてください。

（添付書類）
- 定款等の写し
- 設立の登記の登記事項証明書
- 株主等の名簿の写し
- 設立趣意書
- 設立時の貸借対照表
- 合併等により設立されたときは被合併法人等の名称および納税地を記載した書類

第4章　法人成りのタイミングで絶対に忘れてはいけないこと

法 人 設 立 届 出 書

※ 整理番号 □□□□□□□

税務署受付印	本店又は主たる事務所の所在地	〒　　　　　　　電話（　　　）　　　―
平成　年　月　日	納　税　地	〒
	（フリガナ）	
	法　人　名	
	法　人　番　号	｜｜｜｜｜｜｜｜｜｜｜｜｜｜
税務署長殿	（フリガナ）	
	代表者氏名	㊞
新たに内国法人を設立したので届け出ます。	代表者住所	〒　　　　　　　電話（　　　）　　　―

設立年月日	平成　　年　　月　　日	事業年度	（自）　月　日（至）　月　日
設立時の資本金又は出資金の額	円	消費税の新設法人に該当することとなった事業年度開始の日	平成　年　月　日

事業の目的	（定款等に記載しているもの）	支店・出張所・工場等	名　称	所　在　地
	（現に営んでいる又は営む予定のもの）			

設立の形態	1　個人企業を法人組織とした法人である場合 2　合併により設立した法人である場合 3　新設分割により設立した法人である場合（□分割型・□分社型・□その他） 4　現物出資により設立した法人である場合 5　その他（　　　　）		
設立の形態が1～4である場合の設立前の個人企業、合併により消滅した法人、分割法人又は出資者の状況	事業主の氏名、合併により消滅した法人の名称、分割法人の名称又は出資者の氏名、名称	納　税　地	事　業　内　容　等

設立の形態が2～4である場合の適格区分	適　格　・　その他	添付書類等	1　定款等の写し 2　株主等の名簿 3　設立趣意書 4　設立時の貸借対照表 5　合併契約書の写し 6　分割計画書の写し 7　その他（　　　　）
事業開始（見込み）年月日	平成　　年　　月　　日		
「給与支払事務所等の開設届出書」提出の有無	有　・　無		
関与税理士	氏　名		
	事務所所在地	電話（　　　）　　　―	

設立した法人が連結子法人である場合	連結親法人名		所轄税務署
	連結親法人の納税地	〒 電話（　　　）　　　―	
	「完全支配関係を有することとなった旨等を記載した書類」の提出年月日	連結親法人　年　月　日	連結子法人　年　月　日

税理士署名押印	㊞

※税務署処理欄	部門	決算期	業種番号	番号	入力	名簿	通信日付印　年　月　日	確認印

29.06改正

（規格Ａ４）

167

府税規則様式第28号

法 人 設 立 等 申 告 書

（提出用）

※処理事項	入力済	管理番号

受付印

本店所在地	
大阪府内の主たる事務所等の所在地	
（フリガナ）法人名	
法人番号	
電話番号	
（フリガナ）代表者の氏名	印

平成　　年　　月　　日

大阪府　　　　府税事務所長　様

新たに　法人を設立した
事務所等を設けた　　　　　　　　ので、

大阪府税条例　第34条の2第1項
　　　　　　　第41条の11第1項　の規定により
次のとおり申告します。

申告書用紙の送付先	大阪府からの確定申告書用紙の送付	□希望する　　□希望しない
	□本店所在地　□代表者住所　□その他	

設立年月日	平成　年　月　日	事業年度又は連結事業年度	月　日から　　　　月　日まで

大阪府内の主たる事務所等の設置年月日	平成　年　月　日

資本金又は出資金の額	円

確定申告書提出期限の延長承認等の有無	事業税	有無	平成　年　月　日から平成　年　月　日まで	の事業年度から	月間
	道府県民税	有無	平成　年　月　日から平成　年　月　日まで	の事業年度から	月間

事 業 の 目 的	本店所在地又は大阪府内の主たる事務所等所在地以外の事務所等	
	名　称	所　在　地

以下、1～4の項目については、該当する法人が記載してください。

1　組織形態の変更に関する事項

(1) 合併によって設立した場合　□ 適格 □ その他

(2) 個人事業を廃止し設立した場合
　ア 事業主の氏名 [　　　　　　　　　]
　イ 事務所等の所在地 [　　　　　　　　]
　ウ 事業廃止年月日 [平成　　年　　月　　日]

2　公益法人等に関する事項

□ 収益事業を行わない
□ 収益事業を行う 事業開始年月日 [平成　　年　　月　　日]

3　一般社団法人又は一般財団法人に関する事項

□ 非営利型で収益事業を行わない

□ 非営利型で収益事業を行う
　事業開始年月日 [平成　年　月　日]　　□ 非営利型以外

4　連結子法人の連結親法人等に関する事項

連結親法人	本店所在地	
	名　称	
	電話番号	

連結加入年月日	平成　年　月　日

5　外国法人に関する事項

法施行地外における本店所在地	

（内国法人）	

1　定款、寄附行為、規約等の写し
2　登記事項証明書の写し（※）
3　合併契約書の写し（合併により設立した場合）
4　分割計画書の写し（分割により設立した場合）

（外国法人）
1　定款、寄附行為、規約等の和訳文
2　法施行地にある支店等の登記事項証明書の写し（※）
3　法施行地にあるすべての事務所等の名称及び所在地を記載した書類
4　法施行地における事業概要を記載した書類

（※）登記事項証明書の写しの添付に代えて登記情報提供サービスを利用する場合
　・照会番号：
　・発行年月日：平成　年　月　日

備　　考

税理士氏名	印	電話番号	

※この申告書は、大阪府内の主たる事務所等の所在地を担当する府税事務所に提出してください。

(29.4)

168

第4章　法人成りのタイミングで絶対に忘れてはいけないこと

法人設立・事務所等開設申告書

受付印	平成　年　月　日		法　人　番　号		（提出用）
	（あて先）大 阪 市 長				
本店所在地	〒　　　　　　　　　　　　　　　　電話番号　（　　　）	代表者	住所　〒　　　　　　　電話番号　（　　　）		
フリガナ			フリガナ		
法 人 名			氏名 印		◯
フリガナ			この申告に応答する者の氏名及び電話番号		
個人事業の場合の事業主氏名　印			電話番号　（　　　）		

新たに　法人を設立　事務所等を開設　したので、大阪市市税条例第33条第7項及び第151条の規定に基づき申告します。

法人設立年月日　①	明・大昭・平　年　月　日	新たに開設する事務所等	所在地	〒　　　　　　電話番号　（　　　）
事 業 種 目				
事業年度又は連結事業年度　②	月　日から　月　日から月　日まで　月　日まで		名　称	
法人税の申告期限の延長の処分の有無　③	有（　箇月延長）・無		開設年月日	平成　年　月　日
法人税における連結納税の承認の有無　④	有（連結法人）・無（連結法人以外の法人）	大阪市内の主たる事務所等	所在地	〒　　　　　　電話番号　（　　　）
資本金の額又は出資金の額　⑤	円		名　称	
資本金等の額又は連結個別資本金等の額　⑥	円	給与取扱事務所	所在地	〒　　　　　　電話番号　（　　　）
単独法人又は2以上の市町村に事務所等を有する法人の区分　⑦	単独法人　・　2以上の市町村に事務所等を有する法人		名　称	
収益事業の有無	有　・　無			
所轄税務署	税務署			

従業者数（内大阪市居住の従業者）	総数　　　　　人（　　人）	左のうち大阪市内の事務所等分　　　人	左のうち事務所等開設区内の事務所等分　　　人

新設事務所等に係る事業所用家屋の所有者	住所（法人にあっては、主たる事務所の所在地）〒　　　　電話番号　（　　　）　フリガナ　氏名（法人にあっては、その名称及び代表者の氏名）	新設事務所等に係る事業所床面積	専用部分　　㎡　共用部分　　㎡　計　　㎡

税理士氏名及び電話番号	電話番号　（　　　）	本市内において事務所等を移転した場合の旧所在地	〒　　　　　移転前の事務所等は（継続・廃止）する。
		法人組織としたため個人の事業を廃止した日	平成　年　月　日
備　考		添付書類	1　登記事項証明書　2　定款、寄附行為、規則等の写し　3　株主、社員又は出資者の名簿
			※管理番号
			※決算期
			※管理番号（事）
			※家屋登録番号
			※特別徴収義務者番号

(H30.3)

② 源泉所得税関係の届出書

　会社として、役員や従業員、パートなどに給料を支払うのであれば、会社は「源泉徴収義務者」となり、「給与支払事務所等の開設届出書」の届出が必要となります（様式は151頁）。個人事業主のときは、従業員がいなくて源泉徴収義務者でなかった方も、法人成りして自身の役員報酬をとると会社は源泉徴収義務者になります。

　また、個人事業主のときに源泉徴収義務者であったとしても、法人成りをすれば改めて届出する必要がありますし、今まで使っていた納付書は、整理番号が違ってきますので、使えなくなりますので注意してください。

　源泉徴収義務者になると、源泉徴収した所得税を原則として翌月の10日までに納付することになりますが、給与の支払対象者が10名未満であれば、「源泉所得税の納期の特例」といって半年に一度（1月から6月分を7月10日、7月から12月までを1月20日）の納付も選択できます。

　半期に一度の納付のほうが手間いらずですが、まとめると金額が大きくなりますし、納付忘れの際のペナルティも大きくなりますので、毎月納付を選択し、e-Tax を利用して手続きの効率化をはかるのがよいでしょう。e-Tax は国税局の電子申告システムで、開始するのに証明書取得などの手間がかかりますが、顧問税理士が証明書をとっていれば代理送信でほとんどの作業が終了します。

第4章　法人成りのタイミングで絶対に忘れてはいけないこと

源泉所得税の納期の特例の承認に関する申請書

			※整理番号	

税務署受付印		住 所 又 は 本 店 の 所 在 地	〒
			電話　　　－　　　－
		（フリガナ）	
平成　　年　　月　　日		氏 名 又 は 名 称	
		法 人 番 号	※個人の方は個人番号の記載は不要です。
	税務署長殿	（フリガナ）	
		代 表 者 氏 名	㊞

次の給与支払事務所等につき、所得税法第 216 条の規定による源泉所得税の納期の特例についての承認を申請します。

給与支払事務所等に関する事項	給与支払事務所等の所在地 ※　申請者の住所（居所）又は本店（主たる事務所）の所在地と給与支払事務所等の所在地とが異なる場合に記載してください。	〒 電話　　　－　　　－		
	申請の日前6か月間の各月末の給与の支払を受ける者の人員及び各月の支給金額 〔外書は、臨時雇用者に係るもの〕	月　区　分	支　給　人　員	支　給　額
		年　　月	外 　　　　　人	外 　　　　　円
		年　　月	外 　　　　　人	外 　　　　　円
		年　　月	外 　　　　　人	外 　　　　　円
		年　　月	外 　　　　　人	外 　　　　　円
		年　　月	外 　　　　　人	外 　　　　　円
		年　　月	外 　　　　　人	外 　　　　　円
	1　現に国税の滞納があり又は最近において著しい納付遅延の事実がある場合で、それがやむを得ない理由によるものであるときは、その理由の詳細 2　申請の日前1年以内に納期の特例の承認を取り消されたことがある場合には、その年月日			

税 理 士 署 名 押 印		㊞

※税務署 処理欄	部門	決算期	業種番号	番号	入力	名簿	通信日付印	年 月 日	確認印	

29.06 改正

③　消費税の各種届出

　消費税については、法人成りの場合は設立初年度から課税事業者となることはまずありません。消費税の免税事業者となるメリットを期待しての法人成りだからです。

　もし法人設立初年度の設備投資や、個人事業で使っていた固定資産や棚卸資産の買取りで消費税の支払が多くなる場合は、消費税の課税事業者になることを選択することにより、消費税の還付が受けられる場合があります。そのときは「消費税課税事業者選択届出書」を、設立初年度中に納税地を所轄する税務署に提出する必要があります。

　ただし、消費税の課税事業者を選択すると原則として2年間は課税事業者であることが必要となりますので、翌事業年度の消費税の額も含めて慎重に検討する必要があります。

　資本金1,000万円以上であれば、「消費税の新設法人に該当する旨の届出」を提出する必要があります。

第4章　法人成りのタイミングで絶対に忘れてはいけないこと

第1号様式

消 費 税 課 税 事 業 者 選 択 届 出 書

収受印

平成　　年　月　　日	届 出 者	（フリガナ）	
		納　税　地	（〒　　−　　　）
			（電話番号　　　−　　−　　　）
		（フリガナ）	
		住所又は居所 （法人の場合） 本 店 又 は 主 た る 事 務 所 の 所 在 地	（〒　　−　　　） （電話番号　　　−　　−　　　）
		（フリガナ）	
		名　称（屋号）	
		個 人 番 号 又 は 法 人 番 号	↓　個人番号の記載に当たっては、左端を空欄とし、ここから記載してください。
		（フリガナ）	
		氏　　　名 （法人の場合） 代 表 者 氏 名	印
＿＿＿＿＿税務署長殿		（フリガナ） （法人の場合） 代 表 者 住 所	（電話番号　　　−　　−　　　）

　下記のとおり、納税義務の免除の規定の適用を受けないことについて、消費税法第9条第4項
の規定により届出します。

適用開始課税期間	自　平成　　年　　月　　日　　至　平成　　年　　月　　日			
上 記 期 間 の	自　平成　　年　　月　　日	左記期間の 総 売 上 高		円
基 準 期 間	至　平成　　年　　月　　日	左記期間の 課税売上高		円
事業内容等	生年月日（個人）又は設立年月日（法人）	1明治・2大正・3昭和・4平成 　　　年　　　月　　　日	法人のみ記載	事 業 年 度	自　月　日　至　月　日
				資 本 金	円
	事 業 内 容		届出区分	事業開始・設立・相続・合併・分割・特別会計・その他
参考事項			税理士署名押印	印 （電話番号　　　−　　−　　　）

※税務署処理欄	整理番号			部門番号				
	届出年月日	年　　月　　日		入力処理	年　　月　　日	台帳整理	年　　月　　日	
	通信日付印 年　月　日	確認印	番号確認	身元確認	□　済 □　未済	確認書類	個人番号カード／通知カード・運転免許証 その他（　　　　　　　）	

注意　1．裏面の記載要領等に留意の上、記載してください。
　　　2．税務署処理欄は、記載しないでください。

173

④　青色申告の承認申請書

　青色申告の承認申請書の届出をしなければ、白色申告となりますので要注意です。届出の期限は、設立の日以後3月を経過した日と当該事業年度終了の日のいずれか早い日の前日までとなります。「事業開始」からではありませんので注意が必要です。1日でも遅れると受付はされませんので、開業届とセットで提出をしてください。

第4章　法人成りのタイミングで絶対に忘れてはいけないこと

青色申告の承認申請書

※整理番号

税務署受付印		

平成　年　月　日

税務署長殿

納　税　地	〒 電話（　　）　　－
（フリガナ）	
法　人　名　等	
法　人　番　号	｜　｜　｜　｜　｜　｜　｜　｜　｜　｜　｜　｜　｜
（フリガナ）	
代　表　者　氏　名	㊞
代　表　者　住　所	〒
事　業　種　目	業
資本金又は 出　資　金　額	円

自平成　　年　　月　　日

至平成　　年　　月　　日

　　　事業年度から法人税の申告書を青色申告によって提出したいので申請します。

記

1　次に該当するときには、それぞれ□にレ印を付すとともに該当の年月日等を記載してください。
　□　青色申告書の提出の承認を取り消され、又は青色申告書による申告書の提出をやめる旨の届出書を提出した後に再び青色申告書の提出の承認を申請する場合には、その取消しの通知を受けた日又は取りやめの届出書を提出した日　　　　　　　　　　　　　　　　　　　　　　　　　　　　　　　　平成　　年　　月　　日

　□　この申請後、青色申告書を最初に提出しようとする事業年度が設立第一期等に該当する場合には、内国法人である普通法人若しくは協同組合等にあってはその設立の日、内国法人である公益法人等若しくは人格のない社団等にあっては新たに収益事業を開始した日又は公益法人等（収益事業を行っていないものに限ります。）に該当していた普通法人若しくは協同組合等にあっては当該普通法人若しくは協同組合等に該当することとなった日　　　　　　　　　　　　　　　　　　　　　　　　　　　　　　　　　　平成　　年　　月　　日

　□　法人税法第4条の5第1項（連結納税の承認の取消し）の規定により連結納税の承認を取り消された後に青色申告書の提出の承認を申請する場合には、その取り消された日　　　　　　平成　　年　　月　　日

　□　法人税法第4条の5第2項各号の規定により連結納税の承認を取り消された場合には、第4条の5第2項各号のうち、取消しの起因となった事実に該当する号及びその事実が生じた日　　第4条の5第2項　　　号
　　平成　　年　　月　　日

　□　連結納税の取りやめの承認を受けた日を含む連結親法人事業年度の翌事業年度に青色申告書の提出をしようとする場合には、その承認を受けた日　　　　　　　　　　　　　　　　　　平成　　年　　月　　日

2　参考事項
　(1)　帳簿組織の状況

伝票又は帳簿名	左の帳簿 の　形　態	記　帳　の 時　期	伝票又は帳簿名	左の帳簿 の　形　態	記　帳　の 時　期

　(2)　特別な記帳方法の採用の有無
　　イ　伝票会計採用
　　ロ　電子計算機利用

　(3)　税理士が関与している場合におけるその関与度合

税　理　士　署　名　押　印		㊞

※税務署 処理欄	部 門	決算 期	業種 番号	番 号	入 力	備 考	通信 日付印	年　月　日	確認 印

（規格A4）

27.06改正

⑤ 棚卸資産の評価方法の届出書

　これは必要に応じて提出します。設立第1期の確定申告書の提出期限までに提出しなければ、最終仕入原価法による原価法となります。さしあたり不便はありませんが、市場価格など時価をとりやすい商売であれば低価法を選択するのがよいでしょう。

⑥ 減価償却資産の償却方法の届出書

　これは必要に応じて提出します。設立第1期の確定申告書の提出期限までに提出しなければ、建物、建物附属設備及び構築物を除き法定償却方法である定率法を適用することになります。定率法は減価償却費が耐用年数の前半に多く計上できる償却方法ですから、特に届け出ることはありません。

⑦ 有価証券の一単位当たりの帳簿価額の算出方法の届出書

　これは必要に応じて提出します。特に必要性を感じることはありませんが、念のため掲載しておきます。

⑧ 事前確定届出給与に関する届出書

　これは必要に応じて提出します。個人事業であれば、収入から諸経費を差し引きして、残ったお金が自分の所得でした。当然毎月同額にはならないのですが、法人の場合は、原則として定期同額給与といって、決まった時期に決まった額を支給することになります。

　しかし、夏と冬は賞与が欲しいなどの場合は、事前確定届出給与にかかる株主総会等の決議をした日（同日かその職務の執行を開始する日後である場合は、当該開始する日）から1月を経過する日まで、新設法人は設立の日以後2月を経過する日までに届け出る必要があります。従業員の賞与については届け出る必要はありません（11頁参照）。

第4章　法人成りのタイミングで絶対に忘れてはいけないこと

❺　給与事務

(1)　源泉所得税の納付

　毎月の給料や税理士等の支払報酬から天引きした所得税は、翌月10日まで
に納付するのが原則で、「源泉所得税の納期の特例の承認に関する申請書」を
提出していれば、半年に一度の納付となります。この特例を選択している個人
が廃業した場合は、「個人事業の廃業等届出書」を提出した日の翌月10日まで
に納付することになります。

(2)　年末調整

　事業を継続していれば、毎年最後の給料か翌年最初の給料で従業員の年末調
整を行います。そして給与支払報告書を1月31日までに、従業員の住む市区
町村に提出します。従業員の所得税は、年末調整の手続きにより納付まで完了
します。住民税は提出した給与支払報告書をもとに計算され、会社が翌年の6
月から毎月の給料より天引きして納付します。

　個人から法人成りした場合、従業員の個人事業主との雇用関係は終わります
ので、退職者と同じ扱いになります。そして新たに法人との雇用関係に変わり
ますので、こちらは新入社員と同じ扱いになります。法人での最初の年末調整
は、法人での給料に、前職での給料を加算して行うことになります。

(3)　法定調書の提出

　法定調書は種類が多くありますが、一般的なものは、給与所得の源泉徴収票、
退職所得の源泉徴収票・特別徴収票、報酬、料金、契約金および賞金の支払調
書などです。これらは、支払をした人が作成し、金額基準など一定の条件に該
当する支払分は税務署へ提出します。また、法定調書合計表という、どのよう

な支払があったか要約した資料があります。

　法人成りをした場合でも、個人事業者時代に支払をした給与や報酬などは、個人で法定調書を作成して、提出する必要があります。年の途中で廃業しても、提出期限に特別の定めはありませんので、従来どおり翌年1月31日までに提出することになります。

第4章　法人成りのタイミングで絶対に忘れてはいけないこと

❻　社会保険、労働保険の手続き

(1)　社会保険の加入手続

　法人は被保険者1人以上で、強制適用事業所となります。もし従業員はなく、役員も報酬をとらなければ、この要件から外れます。

　加入にあたっては、「健康保険・厚生年金保険　新規適用届」と「健康保険・厚生年金保険　被保険者資格取得届」を提出します。いずれも事実発生から5日以内に手続きを行う必要があります。随分と期間が短いですが、健康保険証は早くに交付を受けないと困りますので、すぐに行いましょう。

　「健康保険・厚生年金保険　新規適用届」は会社が適用事業所となるための届出で、添付書類として法人の登記簿謄本が必要となります。事業所の所在地が登記上の所在地と異なる場合は、賃貸契約書のコピーなど事業所所在地を確認する資料が必要となります。提出先は事業所の所在地を管轄する年金事務所となります。

　「健康保険・厚生年金保険　被保険者資格取得届」は従業員が資格を取得するための手続きです。

(2)　労働保険の名称変更手続

　法人成りした場合、新旧両事業の資本金、資金、人事、事業の内容等に密接な関係があり、新旧両事業に実質的な同一性が認められるとして、個人と法人が同一の事業主として認められます。このため、個人での保険関係の終了と法人での保険関係成立といった手続きは要せず、名称変更手続で済みます。税金の関係は、個人は廃業、法人は新規設立でしたから、取扱いが違うといえます。

　労働保険に関しては「労働保険名称所在地等変更届」を、雇用保険は「雇用保険事業主事業所各種変更届」を提出することとなります。

179

第5章

法人成り後の一歩進んだ
管理会計
―10年もつ会社へ―

Point

この章では、「法人成りした後に管理会計をどのように行うか」を確認します。法人成りの目的は税金や社会保険料の削減だけではありません。予算管理の流れの中で「正確な月次決算書が不可欠である」ことを確認します。また、「会社を評価するための経営指標にどのようなものがあるか」、「資金を調達するにはどのような点に注意するか」を確認します。

管理会計と聞くと、何か大変な手間がかかるとか、中小企業にはあまり必要ない、というイメージがあるでしょうか。

　それはある意味で正しいのですが、小規模事業であれば、管理の対象となる取引自体が少ないわけですから、手間をあまりかけずに実施することが可能です。この章では「10年もつ会社へ」と副題をつけていますが、管理会計を実行すればそれだけで会社が10年もつとは誰も思っていないでしょう。それなのになぜそれを必要というのでしょうか。

　筆者が仕事を通じて接してきた経営者の方々を思い起こせば、安定した事業運営をしている経営者に共通していえることは、数字に敏感であるということです（もちろん例外もあります）。

　数字に敏感であっても、経営努力ではどうしようもない環境変化で事業が窮地に陥ることもあれば、反対に、偶然の幸運や特殊技能によって管理的なことは何も考えなくとも十分に利益を稼ぐこともあります。しかし、例外をもって管理会計は大して意味がないとはいえないでしょう。やはり考えを持って取り組めば、効果は十分に期待できます。逆に、しっかりした考えを持たずに形だけ真似ても効果は期待薄です。

　期待される効果として、経営者自身にとっての目標を明確にし、それを言葉（書面）にすることにより会社のベクトルが社内外にわかりやすく伝わる、月次決算や資金繰り予測により早め早めに手を打つことができる、計数分析により会社の健康診断ができるなどがあります。

　管理会計を導入しながら、良い方向に会社が動かないのは、情報を十分に汲み取れていないか、情報があったとしても適切な判断ができていないなど他に要因がある場合です。管理会計は道具であって、情報を活かすも殺すも経営者次第です。

　さてこの章では、管理会計の入り口に近い部分の解説となります。法人成りをきっかけにさらに管理会計にも興味を持っていただけたならば幸いです。

182

第5章　法人成り後の一歩進んだ管理会計─10年もつ会社へ─

❶　管理会計とは何か

　管理会計とは、自分に必要な会計情報を、自分に必要なときに、自分に理解しやすい形で、受け取るということです。

　管理会計に対比する言葉で、財務会計あるいは制度会計があります。財務会計は、会社外部の人間が必要とする会計情報を決まったときに、決まった形で提供するものです。

　両者の違いは下表のようになります。

	管理会計	財務会計
利用者	内部	外部
報告対象	未来情報	過去情報
目的	効率向上	情報提供、会計責任
適用対象	製品、プロジェクト、責任実体	企業実体
法規制	なし	会社法、金融商品取引法、税法
情報特性	目的適合性、有用性、迅速性	情報の信頼性、比較可能性など
実施頻度	随時的	定期的

（出所）櫻井通晴『管理会計　基礎編』（同文舘出版）

　管理会計は、自分に必要な情報を得るものですが、その中心は「利益」情報です。ただし、利益といっても、製造業であれば限界利益や貢献利益といった財務会計とは異なる利益概念を利用することがあります。事業部制をとる会社では部門別利益をその対象とすることが多いでしょう。

　さらに、単純な利益だけでなく、使用資金との関係で効率も含めて管理することもあります。このように業種、規模、目的に応じて管理の態様は柔軟に変わります。どのような利益概念であっても、対象とする利益に対して目標を定め、その進捗状況を把握し、差異があれば原因を探り、とるべき対応を考える

183

というサイクルになります。これはPDCAサイクルといったほうが理解しやすいでしょう。

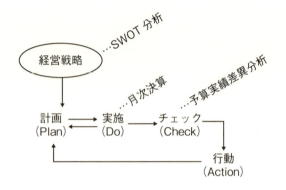

（出所）櫻井通晴『管理会計　基礎編』（同文舘出版）

　実施から計画に戻る矢印は、修正計画あるいは修正予算を意味しています。年度初めに立てた計画も、月が進むにつれ、計画との差が大きくなると、現実的な計画に焼き直す必要があります。

第5章　法人成り後の一歩進んだ管理会計─10年もつ会社へ─

❷　予算策定と月次決算

⑴　自社の置かれている状況の分析（経営戦略）

　経営戦略については大げさに考える必要はありません。シンプルに、誰に、何を、いくらで売っていくのか、自社の商品価値は何で（モノを売っているのか、サービスを売っているのか）、競争相手は何なのか──これらのことを何度も何度も考えれば、頭の中に戦略の土台はできているはずです。

　まずは考えていたことを書き留めてください。かといって、白紙に描くのが難しいということであれば、戦略のフレームワークを利用するのが近道です。これは情報整理を行う道具です。自社の外部環境と内部環境の分析を行う「SWOT分析」、業界の環境を分析する「ファイブフォース分析」、競争戦略を考える際の「3C分析」、マーケティング戦略を考える「4P」などがあり、解説書も多くあります。

　ここでは、最も基本的なSWOT分析について解説します。

　SWOT分析は、強み（Strengths）、弱み（Weaknesses）、機会（Opportunities）、脅威（Threats）の頭文字をとった言葉です。この4つの観点で、自社の環境を分析します。

　以下は、ある会社で実際にSWOT分析を行ったものです。事業内容は婦人服の企画、生産、卸売で第6期を迎える優良企業です。

185

【SWOT 分析】

強み（S）	弱み（W）
• 中国に事務所を置くことで、中国市場の材料をロスなく調達できる。（生産） • 縫製工場と良好な関係を構築し、通常の約半分の短納期を実現。（生産） • 見込発注でなく、受注があってからの発注の比率が同業他社より高い。（販売） • 素材重視の製品イメージが確立され、顧客から受け入れられている。（販売） • 受注は展示会方式ではなく、訪問対面方式であり、細やかに顧客ニーズを吸い上げられる。（販売） • 主な得意先が雑貨店であり、価格競争にさらされていない。（販売） • 各職能にチームリーダーを置き、責任を明確にしている。（組織） • 勉強会を定期的に開催することで、会社の考え方、方向性を社員全員で共有している。（組織） • 信頼できる中国人パートナーがいる。（組織）	• 小ロット生産を主としていることから、大量生産型企業に比べ価格競争力で劣る。（生産） • 小規模のため新規得意先獲得に費やす広告宣伝費に限りがある。（販売） • 少人数での運営のため1人あたりの仕事範囲が広い。（組織）
機会（O）	脅威（T）
• 市場環境が厳しくなく、価格競争に巻き込まれない。	• 流行がある。 • SPA企業（※）の急速なマーケット拡大により市場価格が低下するおそれがある。 • 大企業が自社マーケットに参入する可能性がある。 • 中国の物価上昇による生産コストの上昇。 • 中国のもつカントリーリスク • 為替相場が急激に変動する場合、その影響を製品価格に転嫁できない。 ※ SPA企業…販売から製造（開発）までを単一の業者が行う業態のこと

第5章　法人成り後の一歩進んだ管理会計―10年もつ会社へ―

　内部環境（強みと弱み）と外部環境（機会と脅威）を分析し、次に会社として
どのような方針を採っていくのか――その道筋を見つけるヒントとなるのが
クロス SWOT 分析です。

【クロス SWOT 分析】

	強　み	弱　み
機　会	強みを活かして、チャンスをモノにする。	弱みを克服し、チャンスをモノにする。
脅　威	強みを活かして、脅威の影響を受けないようにする。	弱みを克服し、脅威の影響を受けないようにする。

　機会は攻めに、脅威は守りに通じます。攻めを重視するか、守りを重視する
か――これが経営判断となります。強みを活かすことが定石であって、弱みが
あるところでは、攻めるのも守るのも難しそうに見えます。しかし、ボトル
ネックとなっている弱みを克服することで、事業が一気に好転するのであれば、
そこに経営資源を集中することが重要になります。

(2)　目標を経営計画に落とし込む（Plan）

　経営戦略（方針）を立てると、それを数字に落とし込んで予算を組む必要が
あります。管理会計ですから、管理の対象とする利益概念だけで予算を組んで
もよいのですが、決算書の利益と整合性がとれるほうが便利です。たとえばデ
ザイン事務所で、正常な利益を確保するための利益の計算方法があるとします。

【標準構造】

平均受注金額	1,000,000 円
平均工数	150 時間
予定賃金	4,000 円
人件費（平均工数×予定賃金）	600,000 円
ターゲット利益（率）	400,000 円
	40%

187

工数は、ある案件に直接に携わる時間のことで、直接作業時間を指しています。予定賃金は、給料だけでなく、法定福利費や交通費も含めて時間あたりのコストを算定します。労働時間は直接の作業時間だけでなく、準備や研修などの時間もあるので、それらをカバーするために係数を掛けて予定賃金を計算する場合もあるでしょう。

　経営者としては、この採算ラインを維持すれば何とかなると考えていても、これだけでは最終的な決算書の利益がどう出るのかがはっきりとわかりません。そこで次のように決算書の利益につながるような調整を入れます。

【決算書の利益への調整】

	1月予算
件数	5件
受注金額	5,000,000円
工数	750時間
予定賃金	4,000円
人件費	3,000,000円
ターゲット利益（率）	2,000,000円
	40%
販売費及び一般管理費（人件費除く）	1,800,000円
差引	200,000円
人件費差額	◀ 調整
営業利益	200,000円 ◀ 財務会計と一致

　人件費は、予定賃金を使っていますので、実際の人件費とは通常一致しません。ですから、実際に発生した人件費（給料、法定福利費、通勤交通費など）と予定賃金で計算した人件費との差額を調整欄に入れて、会計上の利益と一致させます。帳尻を合わせているだけにも見えますが、この調整額にも意味があります。

　もし、「予定賃金による人件費」＞「実際の人件費」となれば、人件費差額は利益にプラスの方向で働きます。これは、人件費は固定部分が多く、仕事量

に比例して増える部分は少ないからです。あるいは、予定賃金の設定が高すぎたのかもしれません。もし予定賃金が高すぎたのであれば、今まで採算が合わないと断っていた仕事も受注できていたかもしれません。

これは一例ですが、決まった形はありませんので、本当に役立つ情報がとれるようにじっくりと考えてみてください。上記の例では、販売費及び一般管理費をまとめて表示していますが、重要な科目は個別に表示します。

(3) 月次決算を行う（Do）

① 発生主義

計画に対しての進捗状況を確認するには月次決算を行う必要があります。毎月帳簿入力をしている場合であっても、それが本当の意味での月次決算になっているかどうかは、ひとえに「発生主義」による処理が行われているかどうかにかかっています。

発生主義とは、お金の受取りや支払とは関係なく、商品の入出荷日や、サービスを受けた日で仕訳入力をするものです。発生主義で仕訳を行うと、入出金とは連動せずに仕訳を起こしますので、売掛金、買掛金、未収入金、未払金、前払費用、未払費用などの勘定科目が使われます。そして入出金があればそれらの勘定科目を消し込む形で仕訳を起こします。

【例：掛け売りの場合】

【例：月末休日のため法定福利費が翌月初に引き落とされた場合】

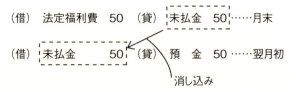

② 月割経費

　月割経費の主なものは減価償却費と各種引当金の繰入額です。減価償却費は、機械や車両などの有形固定資産、ソフトウェアなどの無形固定資産を耐用年数期間にわたって費用化していくものです。通常は決算仕訳として年に一度計上をします。しかし利用や時の経過で価値が減少していくとすれば、減価償却費は毎月発生しているので、月割りにして費用計上します。

　単純化した例で、300万円の自動車の法定耐用年数が5年で、償却方法として定額法を採用すれば、毎年60万円（＝300万円÷5年）を費用として計上します。月次決算には毎月5万円（＝60万円÷12か月）を減価償却費として計上します。

　各種引当金は、賞与引当金、退職給付引当金、貸倒引当金などです。賞与を年2回支給する予定があれば、半年分をまとめて費用計上するのではなく、月割りで費用計上します。これも、毎月の労働に対して賞与が発生してきているので、その分の費用を認識するものです。退職給付引当金も同様です。貸倒引当金は、売掛金などの期末残高に対して一定割合を計算しますが、影響額がそれほど大きくないことから月割計上することはあまりありません。

　月割経費はあくまで発生主義の観点で必要となる処理で、損益の平準化を目的に費用をならしたものではありません。大きな修繕をした費用を毎月に負担させるような場合は、月割経費ではなく、会計的には意味をもたない処理となります。

第5章　法人成り後の一歩進んだ管理会計―10年もつ会社へ―

③　実地棚卸

　在庫のある事業では、毎月末に在庫を計上し直す必要があります。この数字が正確でないと、売上原価は正確に計算できません。そうなると売上総利益が意味のない数字になってしまいます。

売上総利益＝　売上高　　－　　売上原価

売上原価　＝　月初在庫　＋　当月仕入れ　－　　月末在庫

　実地棚卸をしていない場合は、計算上の残高で在庫を計上しても構いませんが、半年に一度は実地棚卸をして、帳簿上と現物の差を埋めておく必要があります。

④　税金の処理

　できるだけ正しい損益を把握するためには税金の会計処理も重要となります。
　消費税の会計処理には、税込経理と税抜経理があります。税込経理は、消費税も含めて勘定処理するもので、税抜経理は、消費税を仮受消費税や仮払消費税などの勘定科目で処理するものです。消費税の基本設計は、所得に対して中立なので、税抜経理も税込経理も最終的には納税額に違いはありません。両方式を簡略な図で示すと次のようになります。

支払った消費税	課税対象となる仕入れ・経費・固定資産など	課税対象となる売上げ	受け取った消費税

【税抜経理】

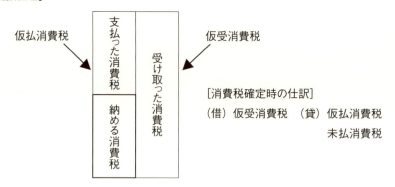

【税込経理】

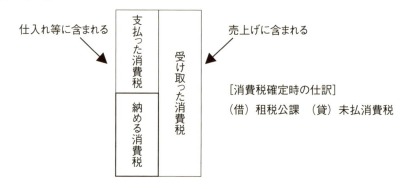

　税抜経理を行うと月次決算において特に対応は必要ありません。上図のように仮払消費税や仮受消費税、未払消費税といった損益とは関係のない勘定科目だけで処理をするからです。
　一方、税込経理であれば、売上高にも仕入高にも消費税が含まれますので、損益に影響しています。消費税は所得に中立という基本設計と矛盾しそうですが、決算確定時に租税公課勘定を使うので、結果的には所得には中立になります。
　この租税公課勘定を計上するタイミングは、翌期であっても構いませんが、損益を正確に把握する目的からすれば、その年度の消費税は、その年度の費用

とする必要があります。そしてその消費税は、月次決算ではどのように織り込むか工夫が必要となります。

　簡易課税を選択していれば、各月の課税売上げ×消費税率×（1－みなし仕入率）を租税公課に計上すればほぼ正確です。本則課税であれば、昨年の申告書を参考に売上げと消費税の比率を見て、概算で計上することになります。

　税込経理は簡便でよいのですが、月次決算を行うにあたっては見込額を計上するという手間がかかります。また税込経理は売上げや仕入れ・経費に消費税が含まれて表示されるので、そもそも理論的ではありません。消費税が10％であれば、税込経理では売上げが10％かさ上げされているのと同じです。ですから、税抜経理で処理するほうが望ましいといえます。

　月次決算では、多くの場合、営業利益か経常利益までを対象にしていますので、法人税、住民税、事業税を織り込むことはあまりありません。もし、常に税金を意識にのせる意味で月次決算に織り込むのであれば、税引前利益に実効税率35％を掛けたものを計上すればよいでしょう。

　消費税や法人税などの中間納付がある場合は、仮払税金勘定で処理しないと月次決算で計上した税金と重複することになります。決算整理では、概算計上した金額を振り戻し、確定額に置き換える作業が必要となります。

　以上のような点に注意して、月次決算を行います。規模にもよりますが、月初10日ぐらいまでで月次決算書を完成させることを目標にしてください。

⑷　進捗状況を確認する（Check）

　予算実績差異分析では、予算と実績の差額をとり、大きなかい離があれば内容を確認します。差額は単月での差額と、累計での差額を確認できるフォームがよいでしょう。次頁の図は売上げを製品群に区分して予算化した場合の集計表フォームです。

（単位：千円）

		通期		単月					累計				
		予算	比率	予算	実績	達成率	差額	差異率	予算	実績	達成率	差額	差異率
売上高	A群												
	B群												
	C群												
	その他												
	計												
売上総利益	A群（40%）												
	B群（25%）												
	C群（30%）												
	その他（35%）												
	計												
人件費	役員報酬												
	給料手当												
	賞与												
	退職金												
	法定福利費												
	計												
その他経費	外注費												
	荷造運賃												
	広告宣伝費												
	計												
営業利益													
営業外収入	雑収入												
	その他												
	計												
営業外費用	支払利息												
	その他												
	計												
経常利益													
	特別利益												
	特別損失												
税引前利益													
法人税、住民税及び事業税													
税引後利益													

　経費の増減は分析がしやすいのですが、売上総利益率は複数要素の分析になりますので、難しくなります。売上総利益は、「1単位あたり総利益」×「販売数量」であり、1単位あたり総利益は、「売単価」－「原価単価」となります。売上総利益が思ったような数字にならないときは、計算要素としての、「売単

価」「原価単価」「販売数量」について検証する必要があります。

　もし販売数量に原因があるとすれば、なぜ販売数量が予定より少ないかを考えなければなりません。目標にもなるよう少し強気の予測を立てたのであれば、引き続き努力すればよいのですが、堅めに予測したにもかかわらず販売数量が伸びていないとしたら問題です。ライバル店が現れた、消費者の行動パターンが変わりつつあるなど「外」の問題なのか、広告費が少ない、営業人員が足りないといった「内」の問題なのか、その原因をつきとめていきます。

(5)　計画へ反映させる（Action）

　予算実績差異分析で、大きな差が出る項目について原因が特定できれば、それにどのように対処していくかを考えます。何らかの行動を起こすのであれば、それによって売上げや経費などがどのように動くかを経営計画にフィードバックします。

　このPDCAサイクルの活動を定例会議などで繰り返し行うことによって、参加者の事業への理解はさらに深まり、意識の共有化が強まります。また、問題があった場合の対応が早期に行えるようになります。

Column 粉飾決算

　貸借対照表は一定時点の財産の状況を示す財務諸表です。貸借対照表が、一般に公正妥当と認められた会計処理の基準に従って作成されていれば、そこから正確な情報を得ることができます。この「一般に公正妥当と認められた会計処理の基準」とは、このような名称の基準が存在するのではなく、企業会計原則や財務諸表等規則、会社計算規則、税法の計算規定などを指します。これらを参考に適正な決算書を作成していきます。

　しかし実際の決算書には、単純な間違いもあれば、意図的に粉飾や逆粉飾を行っているものがあります。粉飾は実際よりも業績や財産の状況をよく見せることであり、逆粉飾は実際よりも悪く見せることです。架空債権の計上や在庫の水増しなどは粉飾決算の定番ともいえます。粉飾決算を行う目的はさまざまですが、金融機関との取引を維持することや、赤字企業の入札が制限される場合に赤字を回避することなどが目的となることが多くあります。業績が回復すれば元に戻すつもりが、そのタイミングを失い、ずるずると続くことがあります。さらには粉飾額がもっと大きくなっていくこともあります。

　ところで、業績が悪化した会社が事業再生をはかる場合に、まず財産調査が行われ、実態貸借対照表が作成されます。これは事業継続を前提に原則として資産・負債の時価評価を行っていくものです。粉飾のある決算書はここで膿を出し、会社の実力を明らかにしていきます。事業再生のスタート地点を確認する作業です。

　筆者はこのような作業に関わることがあるのですが、粉飾は他人を欺くためにやっていることが、結局は経営者自身を欺くことになっていると感じることがあります。つまり、粉飾により利益の出た決算書を見て安心してしまい、本当にすべきことができなくなってしまう、粉飾決算により融資残高を維持できたため、ほっと一息ついてしまう……。数字は正直ですが、その数字が正しくなければまともな判断はできません。たとえ真実の数字が何かがわかっていても、利益の出た決算書を目にすると、それに流されてしまうことが往々にしてあるのです。

❸ 経営指標による分析

　経営指標は大きく分類すると「収益性指標」「安全性指標」「効率性指標」「投資尺度指標」の４つがあります。収益性指標は「いかに儲けているか」を、安全性指標は「財務的に安全であるかどうか」を、効率性指標は「いかに効率よく運営しているか」を測る指標です。投資尺度指標は、上場会社の株式など投資対象として適格かどうかを判断する指標ですから、本書では取り上げません。

　これら経営指標を同業他社と比較することで、自社の強みや弱みを分析することもできますし、時系列で数字を追うことで自社の変化を読み取ることができます。

　経営指標にはかなりの種類があるので、多くを並べて分析するより、何を知りたいのかと、その利用目的をはっきりさせて、いくつかの指標に絞るほうがよいでしょう。

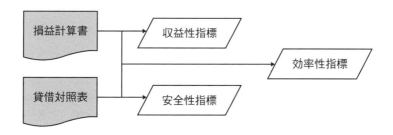

　個人事業でも、収益性指標についての分析は可能ですが、安全性指標と効率性指標となると難しくなります。それは個人事業の決算書は、課税所得の計算に主眼が置かれていますので、安全性や効率性を測るのに必要な貸借対照表の情報が取りにくいからです。

(1) 収益性指標

損益計算書の構造は次のようになっています。

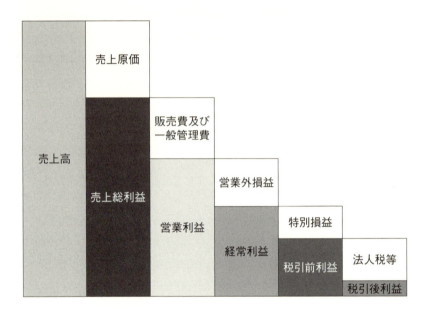

売上高からスタートし、最後の税引後利益までの間にいくつかの利益が出てきます。それぞれの利益が意味することは次のとおりです。

売上総利益は、売上高－売上原価で算定され、商品や製品のもつ収益力を表します。これが会社の利益の根源です。粗利ともいいます。

営業利益は、売上総利益－販売費及び一般管理費で算定され、販売にかかる費用をまかなってなおどれだけの利益をもたらす力があるかを示します。

経常利益は、営業利益±営業外損益で算定され、その会社の財務構造に由来する損益や商売とは直接関係のない損益も含めて、どれだけの利益をもたらす力があるかを示します。借入れに多く依存する会社は支払利息が多くなりますし、また資金調達がうまくいかなければ高い金利や保証料の支払がかさみます。営業外損益は営業外収益－営業外費用であるため、営業外収益が営業外費用よ

り大きければ、経常利益が営業利益より大きくなります。

　税引前利益は、経常利益±特別損益で算定され、通常ではあまり発生しない特別な損益も含めて、どれだけの利益をもたらす力があるかを示します。

　税引後利益は、税引前利益－法人税等で算定され、最後の関門である税金を支払ってやっと残った利益を示します。

　これらの利益を、売上高を分母として比率を見たものが、売上高総利益率や売上高税引後利益率となります。

$$（例）\quad 売上高総利益率 = \frac{売上総利益}{売上高} \times 100（\%）$$

　どの利益率も意味があり重要ですが、特に売上高総利益率と売上高営業利益率は重要です。売上総利益は何といっても利益の根源であり、そこが弱っていないか、同業他社と比べてどうなのか、という観点で常に気にかけるポイントです。また、売上高営業利益率は商売として成り立っているのかを示すものであり、非常に重要となります。売上総利益の段階では業種の違いによる差が顕著です。

　しかし、利益率が非常に高い業種は、数が多く出ないとか販売活動や研究開発に多くの経費がかかるなどの場合がありますので、営業利益の段階では業種間の差はそう大きくなりません。どのような業種でも売上高営業利益率10％が1つの目標値になるでしょう。

　費用サイドに着目したものが売上高費用率です。

$$（例）\quad 売上高人件費率 = \frac{人件費}{売上高} \times 100（\%）$$

　費用には、売上原価や人件費、販売費及び一般管理費、また、外注費や広告宣伝費などの特定勘定が入ります。

(2) 安全性指標

貸借対照表の構造は次のようになっています。

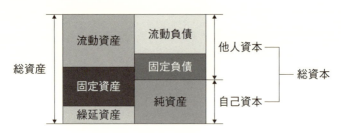

貸借対照表は、借方と貸方に分かれて勘定科目が並びますが、原則として上に並ぶほうが、現金化の時期や支払の時期が早くなります。

安全性指標は、流動資産や流動負債など大きな区分ごとの比率でもって算定されています。以下は、主な安全性指標です。

$$当座比率 = \frac{当座資産（現預金＋売上債権）}{流動負債} \times 100 \, (\%)$$

$$流動比率 = \frac{流動資産}{流動負債} \times 100 \, (\%)$$

$$固定比率 = \frac{固定資産}{自己資本} \times 100 \, (\%)$$

$$長期固定適合率 = \frac{固定資産}{（自己資本＋固定負債）} \times 100 \, (\%)$$

$$自己資本比率 = \frac{自己資本}{総資本} \times 100 \, (\%)$$

安全性指標は、金融機関や債権者など会社の支払能力に関心のある利害関係者が利用する指標です。この中で、流動比率、長期固定適合率と自己資本比率に着目してください。

流動比率は、100％を超えることで、1年以内に支払不能に陥ることはないという目安になります。これは流動資産および流動負債は、原則として1年以内に期日の来るものが表示されるからです。200％程度あれば望ましい水準と

なります。

　長期固定適合率は、100％を下回ることで、固定資産が長期性の資金でまかなわれていることの目安となります。長期性の資金とは、長期の借入金や資本金、それにこれまで稼いだ利益となります。長期間にわたり資金が眠る固定資産については、長期性の資金でまかなうことが鉄則であり、固定資産の重要性が高い製造業では、特に注意が必要です。

　自己資本比率は、会社のミソである自己資本が総資本（＝総資産）に占める割合を示すもので、この比率が高いほど優良企業となります。この比率を高めるには、分子を大きくするか、分母を小さくするかのいずれかです。

　分母を小さくするとは、総資本を小さくするということであり、そのための方策はムダなものに投資をしない、債権の回収を早める、過大な在庫を抱えないなどになります。

　分子を大きくするには、利益を出すことが必要です。利益を出すことは、税金を支払うことにつながりますが、会社の財務体質を強くするには、どこかで割り切らないと次のステップには進んでいきません。

(3)　効率性指標

　効率性指標は、会社が利益を効率よくあげているかどうかを測る指標です。100万円のお金を稼ぐのに、ある会社は資金1億円を投じ、ある会社は500万円を投じたとすると、どちらが効率的かは明白ですね。以下は、主な効率性の指標です。

$$総資本税引前利益率 = \frac{税引前利益}{総資本} \times 100 \ （％）$$

$$総資本回転率 = \frac{売上高}{総資本} \ （回）$$

$$自己資本回転率 = \frac{売上高}{自己資本} \ （回）$$

$$売上債権回転率 = \frac{売上高}{売上債権} \ （回）$$

$$仕入債務回転率 = \frac{仕入高}{仕入債務} （回）$$

$$棚卸資産回転率 = \frac{仕入高}{棚卸資産} （回）$$

総資本税引前利益率は、どれだけの資本を投じてどれだけの税引前利益を計上したかを比率で見るもので、次のように展開されます。

$$総資本税引前利益率 = \frac{税引前利益}{総資本} \times 100 （\%）$$

$$= \frac{税引前利益}{売上高} \times \frac{売上高}{総資本} \times 100 （\%）$$

$$= 売上高税引前利益率 \times 総資本回転率 \times 100 （\%）$$

　同じ売上高税引前利益率であったとしても、総資本回転率が高いほうが評価は高くなります。これは小さな資本で売上高を多く計上しているので効率性が高いと判断されるからです。たとえば1,000万円の総資本で売上高5,000万円であれば、総資本回転率は5回（＝5,000万円÷1,000万円）です。これが5,000万円の資本であれば1回となります。

　売上債権回転率は、回転率が高いほど回収サイトが短く効率がよいことになります。毎月100万円を売り上げる会社で、売掛金の決済条件が月末締めの翌月末入金であれば、売上債権残高は毎月100万円となります。このときの売上債権回転率は12回（＝1,200万円÷100万円）となります。

　通常は1か月から2か月以内の入金が多いでしょうから、売上債権回転率の正常値は6〜12回となります。これが6回未満になるとサイトの長い受取手形があるとか、滞留している債権があることになります。

　売上債権回転率と似た指標に、売上債権回転期間があり、売上債権÷1か月あたり売上高で算定されます。これは月数や日数で表現するもので、同じ例で計算すると1か月（＝100万円÷1,200万円÷12か月）となります。

　資産効率に着目するのであれば、売上債権回転率を利用し、売上債権が正常

な営業サイクルの範囲内であるかどうかに着目するのであれば売上債権回転期間を利用します。

同じように、棚卸資産回転率が高いほど効率よく商品が回転していることを示し、仕入債務回転率が高いほど短期間で債務を支払っていることになります。

(4) 他社との比較

経営指標は、自社における数期間の比較をし、その変動に着目する利用の仕方と、同業他社を比較して自社の強みや弱みを確認するという使い方があります。同業他社の情報については、中小企業庁から経営指標が発表されています。

【経営指標の算出式】

指標名	算出式	平成23年度 全産業加重平均値
(1) 総資本経常利益率	経常利益÷総資本（総資産）×100	2.79（%）
(2) 総資本営業利益率	営業利益÷総資本（総資産）×100	2.42（%）
(3) 自己資本当期純利益率（ROE）	当期純利益÷純資産×100	6.67（%）
(4) 売上高総利益率	売上総利益÷売上高×100	25.02（%）
(5) 売上高営業利益率	営業利益÷売上高×100	2.04（%）
(6) 売上高経常利益率	経常利益×売上高×100	2.34（%）
(7) 売上高対販売費・一般管理費比率	販売費及び一般管理費÷売上高×100	22.98（%）
(8) 総資本回転率	売上高÷総資本（総資産）	1.19（回）
(9) 流動比率	流動資産÷流動負債×100	155.81（%）
(10) 固定比率	固定資産÷純資産×100	140.88（%）
(11) 自己資本比率	純資産÷総資本（総資産）×100	32.93（%）
(12) 財務レバレッジ	総資本÷純資産	3.04（倍）
(13) 負債比率	負債÷純資産×100	203.71（%）
(14) 付加価値比率	付加価値額÷売上高×100	25.21（%）
(15) 機械投資効率	付加価値額÷設備資産	5.08（回）
(16) 労働分配率	労務費・人件費÷付加価値額×100	71.45（%）

付加価値額＝労務費＋売上原価の減価償却費＋人件費＋地代家賃＋販売費及び一般管理費
　の減価償却費＋従業員教育費＋租税公課＋支払利息・割引料＋経常利益
設備資産＝機械装置＋船舶、車両運搬具、工具・器具・備品
全産業加重平均値とは、各費目の中小企業全体の合算値を用いて計算したものである。

（「平成24年調査の概況」抜粋）

❹ 資金調達を考える

　管理会計や経営指標に関しては、「利益」が主役となっています。利益がなければ事業は続けられませんので利益は重要なのですが、「勘定合って銭足らず」といわれるように、計算上は利益が出ているものの、手元の現預金が足りなくなることがあります。

　いくら筋肉質でムダのない肉体であっても、貧血になって倒れてしまえば、プレーヤーとしての活躍ができなくなります。下手をすれば致命傷となります。事業をするにあたって「お金」は血液と同様必要なだけ循環していなければならないのです。このような観点で資金の動きを扱うキャッシュフロー計算書と資金繰り表があります。

　以前からキャッシュフロー計算書や資金繰り表それに類する資金に関する計算書はありましたが、キャッシュフロー計算書が貸借対照表や損益計算書と並んで基本財務諸表の１つと位置づけられたのは2000年以降のことです。

　キャッシュフロー計算書の目的は、一定期間におけるキャッシュの増減を、「営業キャッシュフロー」「投資キャッシュフロー」「財務キャッシュフロー」に分類し、分析することです。これにより過去のお金の動きが明らかになります。

　これに対し資金繰り表は、資金ショートを起こさないよう、将来の資金収支を見ていくことが主な目的です。基本は月ごとに計画を立てますが、資金繰りが厳しくなると日別に入金予定、出金予定、見込み残高を見ていくことになります。

第5章　法人成り後の一歩進んだ管理会計—10年もつ会社へ—

⑴　資金繰り表による資金管理

　資金繰り表は、決まったフォームはありませんが基本的なフォームは下記の表のとおりです。予測を入れていきますが、実績がわかれば随時更新していきます。3か月程度先までの予測を入れるようにしましょう。3か月前に資金不足がわかれば、借入交渉などにも時間的な余裕があるでしょう。

（単位：千円）

			1月	2月	3月	4月
前月繰越　①						
収入	売上代金	現金売上				
		売掛金回収				
		手形期日落				
		手形割引				
	前受金					
	雑収入					
	その他					
	収入合計　②					
支出	仕入代金	現金仕入				
		買掛金支払				
		手形決済				
	給料					
	法定福利費					
	福利厚生費					
	外注費					
	広告宣伝費					
	旅費交通費					
	事務用品費					
	リース料					
	前渡金					
	支払利息					
	法人税等					
	その他					
	支出合計　③					
経常収支　④＝②－③						

205

財務	借入金返済				
	借入				
財務収支 ⑤					
その他	固定資産購入				
その他収支 ⑥					
次月繰越 ①+④+⑤+⑥					
売上高					
仕入高					
月末残高	受取手形				
	売掛金				
	棚卸資産				
	支払手形				
	買掛金				

　資金繰り表を作成するうえで一番難しいのは入金予測です。売上げの予測に基づき次のような表を作成して、見込額を算定します。

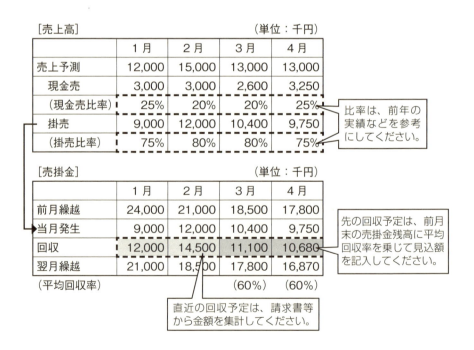

仕入代金に関しては、売上げと同様で、１～２か月先の支払額については、請求書や仕入実績からおおよその数字を把握します。その先については売上予測から必要となる仕入れを予測し、決済条件を参考に支払見込額と時期を算定します。諸経費の発生額は想像がつきやすいでしょう。

売上げに連動する運送費などは、売上げと連動させるようにしてください。税金の支払については、１年の中で納期が決まっていますので、日付を確認して資金繰りに織り込みましょう。

予測した資金の残高と実際の残高にズレが発生しますが、かなり大きな差が出るようであれば、内容を分析して、それに応じた区分の金額を訂正してください。実績を反映した資金繰り表自体が融資を受ける際の資料にもなりますし、これから先の資金繰りを検討するうえでも大変参考になります。ズレが大きくなければ、経費の「その他」で調整をして、実際の残高に合うよう帳尻を合わせてください。

(2) 必要運転資金と設備投資資金

資金をその使途で分類すると、必要運転資金と設備投資資金になります。

必要運転資金は、売上債権＋在庫－仕入債務で表されます。現金売上のみの日銭商売などは、売上債権がありませんし、さらに生鮮食品など在庫も数日分しか持たなければ、必要運転資金はほとんどありません。

必要運転資金は入金時期と出金時期のズレをまかなうものなので、タイミングのズレが解消する時点で返済が可能な性質のものです。正常に利益が出ていたとしても必要となる資金です。

必要運転資金には、諸経費の支払に充てる資金は含まれません。諸経費の支払資金は、利益が出る限りまかなえるものだからです。もし、赤字であれば、当然、諸経費の支払にも困ることになりますが、その資金を赤字補填資金といいます。

設備投資資金は、文字どおり設備を購入するための資金です。設備投資資金は、必要運転資金のようなタイミングのズレをまかなうものではないので、そ

207

の設備を使って稼ぎ出す利益でもって返済をしていくことになります。

　これを利益償還といいます。簡便的には、損益計算書に表示される税引後利益に減価償却費を足した金額となります。このように計算するのは、減価償却費は計算上の費用であってお金の支払を伴わないものだからです。

(3) 短期と長期の借入金

　資金をその調達方法で分類すると、他人資本と自己資本に分類されます。自己資本は、資本金とこれまでの利益の蓄積となります。他人資本の主なものは借入金です。借入金には、短期借入金と長期借入金があります。一般的に、短期借入金は手形貸付として、期日一括弁済となります。期日ごとに書換えを行いますので、常に一定の借入残高が残ります。長期借入金は、証書貸付として、毎月の約定返済があります。

　必要運転資金は、入出金タイミングのズレが解消する時点ではじめて返済可能となりますが、それまでは返済することができないため、期日一括弁済の短期借入金でまかなうことが適切です。

　設備投資資金は、毎月の利益で返済していくので、証書貸付のように毎月の約定弁済のある長期性の資金で手当てすることが適切となります。利益の蓄積で自己資本が厚くなれば、自己資本はそもそも返済の必要のないものですから、それが最も優れた資金調達といえます。

第5章　法人成り後の一歩進んだ管理会計―10年もつ会社へ―

(4)　金融機関の視点

　金融機関は、メガバンクから地域の信金信組まで数多くありますが、その関心事は融資したお金が回収できるかに尽きます。金融機関は融資を行っているのであって、投資をしているのではないからです。

　資金がいつ、どれくらい必要になり、それをどのように返済できるのか、万一計画が狂った場合にどのように貸出債権の保全ができるか――このストーリーを説明することが重要になります。金融機関の営業部はこれを説明する資料をもとに、原則として審査部の審査を受けます。

　あなたが事業を拡大するうえで、運転資金が必要であれば、資金繰り表は不可欠の資料となります。資金需要の季節的変動を確認するために1年間のものが必要になるでしょう。また、昨年実績資料を要求されるケースも多くあります。これにより、いつ、どれぐらいの資金が必要になるか、その理由も含めて明らかになります。

　運転資金として必要額以上を融資することは、まずありませんので、融資申込額と資金繰り表で矛盾のない説明が必要です。特に運転資金といいながら赤字補填資金になっている場合は融資の実行は難しいでしょう。

　融資資金が返済できると説明するには、先に説明した経営計画が必要となります。予算実績差異分析までしているのであれば、非常に説得力のある資料となるでしょう。

　もし設備投資資金が必要であれば、投資をする必要性とその効果を説明する必要があります。資金の必要性やその返済の見込みについての説明が曖昧なものであれば説得力のある資料は作成できません。金融機関が、月々の試算表とヒアリングをもとに、資金繰り表を作成することもありますが、時間もかかりますし、また、会社に管理能力があるかも含めて評価されます。

　誰もがわかる傑出した商品や技術であれば説明はさほどいりませんが、そうでなければ、会社の事業内容と資金の動きを理解してもらう努力、つまり資料づくりが必要となってきます。

209

おわりに

　本書を最後までお読みいただきありがとうございます。

　法人成りの考え方からその後の管理会計までを解説しましたが、法人成りの全体像をイメージしていただけたならば、筆者として大変嬉しい限りです。また、第2章に多くのケースを記載していますが、ご自身の事業がどのケースに近いかを確認していただき、さらに実感が湧くものとなられることを期待しています。

　法人成りは、節税だけが目的ではなく、事業が発展していく中での1つのステップであると考えています。ただ、同じステップを上がるにしても、上手に上がってほしいというのが筆者の願いです。そのためには税制を知り、事業の状況を把握し、タイミングを見計らって実行することが肝要です。

　本書が法人成りにまつわる税制を知るきっかけとなり、良いタイミングで法人成りし、さらに管理会計にまで興味を持っていただければ、筆者としては望外の喜びというしかありません。本書が皆様のお役に立つことを願っております。

＊本書は正確な情報を提供するよう細心の注意を払っておりますが、本書に関連して生じた損害については責任を負いかねます。

■参考文献

- 注解所得税法研究会編『注解所得税法〈五訂版〉』(一般財団法人大蔵財務協会)
- 葭田英人編『持分会社・特例有限会社の制度・組織変更と税務』(中央経済社)
- 相澤哲・葉玉匡美・群谷大輔編著『論点解説　新・会社法—千問の道標』(商事法務)
- 熊谷則一『公益法人の基礎知識』(日本経済新聞出版社)
- 小林健吾『体系　予算管理』(東京経済情報出版)
- 大塚宗春・辻正雄『管理会計の基礎』(税務経理協会)
- 櫻井通晴『管理会計　基礎編』(同文舘出版)
- 公益財団法人日本生産性本部企業再生支援コンサルティングチーム編『企業再生のための経営改善計画の立て方〈第2版〉』(中央経済社)
- 江頭憲治郎『株式会社法〈第4版〉』(有斐閣)
- 澤口実編著『新しい役員責任の実務〈第2版〉』(商事法務)
- 中島祐二『LLC・LLPの制度・会計・税務〈第2版〉』(中央経済社)
- 大沼長晴・井上久彌・磯邊和男編『第七次改訂会社税務マニュアルシリーズ1　設立・解散』(ぎょうせい)
- 坂元左『耐用年数通達逐条解説』(税務研究会出版局)
- 平野敦士・株式会社マネージメントリファイン編著『法人成りの税務と設立手続きのすべて』(中央経済社)
- 伊藤健太『合同会社設立のすすめ』(日本法令)
- 鈴木博『所得税必要経費の税務〈平成23年版〉』(一般財団法人大蔵財務協会)
- 武田昌輔「一般に公正妥当と認められる会計処理の基準」(税大論叢3号)
- 神川和久「法人税法上の損金と所得税法上の必要経費の範囲とその異同及び問題点—同族会社と個人事業者を中心として—」(税大論叢58号)
- 齋藤信雄「親族が事業から受ける対価の取扱についての一考察」(税大論叢30号)

【著者紹介】

田川　裕一（たがわ　ゆういち）

1968年兵庫県生まれ。神戸大学経済学部卒業。公認会計士・税理士（日本公認会計士協会近畿会、日本公認会計士協会税務部会所属。近畿税理士会東支部所属）。大学卒業後、1993年にセンチュリー監査法人（現・新日本有限責任監査法人）に入所。数十社の上場会社グループへの監査、株式公開準備、組織再編や買収調査などを担当。2000年に独立後、法人税、資産税を中心とした税務サービスを手がけるほか、再生支援業務を30社以上引き受ける。

【企画協力】

インプルーブ　小山睦男

個人事業主・フリーランスのための
得する！法人成り（第2版）

2014年　3月15日　第1版第1刷発行	
2017年　4月20日　第1版第5刷発行	
2019年　6月10日　第2版第1刷発行	

著　者　田　川　裕　一
発行者　山　本　　　継
発行所　㈱中央経済社
発売元　㈱中央経済グループ
　　　　パブリッシング

〒101-0051　東京都千代田区神田神保町1-31-2
電話　03 (3293) 3371 (編集代表)
　　　03 (3293) 3381 (営業代表)
http://www.chuokeizai.co.jp/
印刷／㈱堀内印刷所
製本／㈲井上製本所

© 2019
Printed in Japan

＊頁の「欠落」や「順序違い」などがありましたらお取り替えいたしますので発売元までご送付ください。（送料小社負担）

ISBN978-4-502-30981-6　C3034

JCOPY〈出版者著作権管理機構委託出版物〉本書を無断で複写複製（コピー）することは，著作権法上の例外を除き，禁じられています。本書をコピーされる場合は事前に出版者著作権管理機構（JCOPY）の許諾を受けてください。
　JCOPY〈http://www.jcopy.or.jp　eメール：info@jcopy.or.jp〉

······················ 好評発売中 ······················

図解＆ストーリー「資本コスト」入門 岡俊子 著／A5判・224頁	ガバナンスコードの改訂等を背景に注目を集めている「資本コスト」を分かりやすく解説。
シニア社員の活かし方・処遇の仕方 ―高年齢者雇用の企業対策とその留意点 齋藤清一・田中恒行 著／A5判・180頁	65歳以上の高齢者を本格的に活用する際の，高齢者の賃金制度や雇用の留意点を詳述。
相続発生後でも間に合う土地評価減テクニック〈第2版〉 税理士法人チェスター編／A5判・272頁	相続税・贈与税の実務で遭遇する論点を設例で解説。地積規模の大きな宅地の評価等の改正を反映した最新版。
脱コモディティ化を実現する価値づくり ―競合企業による共創メカニズム 陰山孔貴 著／A5判・160頁	日本の製造業が苦しむ「コモディティ化」の罠。シャープのヘルシオブランドを事例に，脱コモディティ化実現の方法を探る。
Ｑ＆Ａ市民のための消費者契約法 村千鶴子 著／A5判・256頁	幅広い読者を対象に，消費者契約法を，Q&A形式で具体的かつ平易に解説。2019年6月から施行される改正法に対応する。
格付機関の役割と民事責任論 ―EU法・ドイツ法の基本的視座 久保寛展 著／A5判・256頁	EU法・ドイツ法を参照しながら，格付けの失敗に起因する投資損失の民事上の責任について，その法的根拠を検討する。
グローバル研究開発人材の育成とマネジメント ―知識移転とイノベーションの分析 村上由紀子 編著／A5判・272頁	日系多国籍企業の国境を越えた共同研究開発を対象に，グローバル研究開発人材の育成とマネジメントについて分析。
エネルギーの未来 ―脱・炭素エネルギーに向けて 馬奈木俊介 編著／A5判・216頁	世界人口の増加に伴い，やがては枯渇するであろう現在のエネルギー資源。これを回避するための最新動向と展望を検証する。

中央経済社

·················· 好評発売中 ··················

図解でナットク！会計入門〈第2版〉

桝岡源一郎 編著／A5判・188頁

「値引きセールをしても儲かるの？」等の身近な疑問をもとに，会計の全体像をわかりやすい文章とイラストで解説。

商業登記実務から見た合同会社の運営と理論

金子登志雄 監修・立花宏 著／A5判・252頁

設立が容易である一方，その後の変更手続に難解な点の多い合同会社の運営実務を明解に紐解く決定版！

はじめての特許出願ガイド
―考え方・表現を基礎から学ぶ

奥田百子・奥田弘之 著／A5判・300頁

明細書・クレームの書き方，それに伴う特許調査や出願・中間対応業務についてわかりやすく解説。

無形資産の管理と移転価格算定の税務

EY税理士法人 編／A5判・196頁

適正な移転価格の算定が困難な無形資産について，最新の移転価格税制における移転価格算定方法の検討や適用方法を解説。

はじめまして会計学

齋日出郎・山口幸三 編著／A5判・176頁

初学者を対象に，財務会計，経営分析，管理会計，税務会計など大学で履修できる科目のエッセンスをわかりやすく解説。

非正社員改革
―同一労働同一賃金によって格差はなくならない

大内伸哉 著／四六判・268頁

同一労働同一賃金の原則は，何が問題か。非正社員をめぐる紆余曲折を正しく理解し，格差対策を考える。

流通論の基礎〈第3版〉

住谷宏 編著／A5判・284頁

消費財に限定し，生産から消費までの取引連鎖として流通が理解できるよう事例を交えて平易な解説をした大好評の最新版。

地方創生でリッチになろう！
―成功する8つの心得

小島慶藏 著／四六判・288頁

若者，高齢者，初心者でも大きな成果を出せ，住民も地域もリッチになる地方創生の成功するための8つの心得を紹介。

中央経済社

················· **好評発売中** ·················

法人税申告書の最終チェック —2019年5月申告以降対応版 齊藤一昭 著／B5判・208頁	法人税申告書の最終的なチェックポイントを簡潔に解説。経理部長や税理士事務所の所長の確認用として毎年好評。
消費税軽減税率の 直前チェック 金井恵美子 著／A5判・164頁	2019年10月1日にスタートする消費税軽減税率をコンパクトに解説。法令，通達，ガイドラインなどもれなくチェック。
会社の整理・清算・再生 手続のすべて 出口秀樹・片山雅也・長峰伸之・仲田理華 著／A5判・380頁	「積極的な」終わらせ方（合併など）から，「消極的な」終わらせ方（破産など）まで。終局時の会社手続のすべてがわかる1冊。
グローバル・ツーリズム 姜聖淑 著／A5判・216頁	急増するインバウンドにより激変したわが国の「観光」を体系的に整理。観光学，観光ビジネスの基本書として最適。
老舗企業の存続メカニズム —宮大工企業のビジネスシステム 曽根秀一 著／A5判・268頁	世界最古の企業である金剛組をはじめ，超長寿企業に着目。老舗企業の存続（あるいは衰退)のメカニズムを明らかにする。
そのまま使える！ビジネス文書 —社内文書・社外文書・ビジネスメール・手書き文書 杉田あけみ 著／A5判・276頁	正確に伝わる社内文書，社外文書，ビジネスメール作成のための文例，レイアウトが満載！ 文書のダウンロード特典も。
飛躍するチャイナ・イノベーション —中国ビジネス成功のアイデア10 藤村幸義・雷海涛 編著／A5判・232頁	中国で日本企業が成功するためのアイデアを探る。現地取材や企業トップ・若手ビジネスマンへのインタビューを多数掲載。
小学生まあちゃんと学ぶ 統計 伊藤伸介 著／A5判・208頁	10歳の小学生まあちゃんと英子ママ，統計の先生の3人の会話で，「統計」をゼロから楽しく学べる1冊。

中央経済社